ニッポン語うんちく読本

――ロス発、日系老人日本語パワー全開

ジョン金井

知玄舎

はじめに

アメリカ最大の日本町と称されるリトル東京は、ロサンゼルスの市庁舎のすぐそばに位置する。市庁舎から歩いてほんの三分ほどである。その間には市警察局もあり、リトル東京にあるスターバックスへ行くと、制服を着た警官と一緒に列を組んで順番を待つということも珍しくない。

ランチタイムになると、リトル東京は市役所の職員、市庁舎と隣接する法務局の職員たちで賑わうという構図が繰り返される。彼らは身分証明のバッジを首にかけているので、すぐにそれと判断できる。

その市庁舎とリトル東京の並びからすぐ北を、フリーウェイ101号線は走る。同じ入口からフリーウェイに乗ると、101号線は西北西へと上って行く。

そして十五キロほど行くと、ミュージカルで有名なサンセット・ブルバードの出口が現れる。私のような昭和二十年代生まれにとっては、『77サンセット』の舞台となった通りということで馴染みの人も多いに違いない。それを過ぎると、すぐ次の出口がハリウッド通りである。ロスの誇るハリウッドは説明の必要もないだろう。

これを過ぎると傾斜が増して行く。そしてその次が、野外音楽堂ハリウッド・ボールへと通ずる出口だ。ビートルズを筆頭に世界中の名だたるアーチストが公演した、ハリウッドの小高い丘の斜面を生かした野外音楽堂である。

この出口を過ぎると尚も傾斜は続き、右側にユニバーサル・スタジオが姿を現す。それを過ぎると傾斜は終わり、１０１号線は右へ大きく旋回する。ほぼ一回転したところで、今度は西向きへと方向転換だ。ここからはほとんど真っ直ぐ西進する。そして、四十五分ほど西進を続けると太平洋にぶつかるのだ。

初めて１０１号線を走ったのはアメリカに着いて間もなくだった。四十年前の話である。そして、まっしぐらに走って太平洋とぶつかった時に思い浮かんだことがある。〝これを真っ直ぐ行くと日本なんだ〟と。

それ以来カリフォルニア州であちこちの海を見た。しかし、〝これを真っ直ぐ行くと日本なんだ〟などと思ったことは一度もなかった。

その後、１０１号線を乗って何回も太平洋とぶつかった。不思議である。その度に、〝これを真っ直ぐ行くと日本なんだ〟が思い浮かぶのだった。


西暦二〇〇〇年を数年後に控えた時だった。和製漢語の謎を調べるべく連日資料集めに必死だったある夜中の話である。卓上ランプの灯りの下に広げた世界地図の真ん中は、太平洋が占めていた。太平洋を隔てた両側は日本とアメリカだ。当たり前のことである。

そしてじっと見つめていると、ロスと瀬戸内海がほとんど同じ緯度に位置するのを知った。これも取り立てて言うほどのことではない。ところがである。長い定規を充ててロスから西へと線を引いていくと、我がふるさと広島県呉市の少し南に重なったのだった。静まり返った真夜中に、卓上ランプ一つが灯った暗闇の中で一人声を上げた。

ロスの少し北を西進する101線をそのまま真っ直ぐ進むと、まさに我がふるさとなのだ。血が騒ぐのを感じた。太平洋にぶつかる度に思った〝これを真っ直ぐ行くと日本なんだ〟は偶然ではなかったのだ。

とはいえ、緯度が同じだからといって二つの都市に共通点があるわけではない。片やアメリカ第二の、羨望の的のような大都会である。世界各地からの、そしてアメリカ全国からの人口の流入が留まることをしないところである。片や、昔謳歌した軍港呉の威厳はほとんど消え去り、人口の流出に歯止めがかからない田舎の小都市だ。

緯度が同じだからといって気候が同じであるわけでもない。一方は、メジャーリーグが開幕する初春からワールド・シリーズが終わる晩秋まで雨が一滴も降らないほどの気候である。世界のあらゆる地域から色々な人種が集まり、色んな国の言葉が耳に入る場所である。

緯度が同じだからといって共通することは一つもないのだが、ただ一つ、日の出と日の入りの位置が同じで太陽の軌道が同じなのである。月の出も月の入りも同じで月の軌道も同じなのだ。

ふるさとの月もロスの月も、暗闇の空の同じ位置に浮かぶのだ。月影も同じ角度に現れるのだ。それを知るだけで十分だった。それ以来、月影を見ながらふるさとの家を思うのである。ふるさとの友を思うのである。とりわけ、月影が濃くなる十五夜の夜には欠かせない。


そのロスに住みついて四十年が過ぎた。当地ロサンゼルスには、多くの日本人が住む。一八九一年に始まったアメリカへの集団移民を皮切りとする初期移民の子孫、大戦後に渡ってきた日本人、駐在員として滞在する日本人、留学あるいは語学研修として当地を選ぶ日本人など、様々な道のりを経てロスに住み着いている。

このロスでたまたま巡り合ったのが、とある日系人引退者ホームだった。二〇〇九年のことである。そこで始めた「ソーシャル・アワー」が本書の舞台です。ここに集まるのは、日系人二世と大戦後に渡って来られた日本人のお年寄りである。平均年齢八十六のみなさんが織りなす文化講座「ソーシャル・アワー」を描いたのが本書です。日系高齢者とのやりとりをご賞味ください。

目次

はじめに　2

第一章　『紅白』の歴史　9
◎『紅白』の歴史　10
◎百歳のスイマー　12
◎三三七拍子　15
◎なでしこＪａｐａｎ　19
◎珍しい苗字　22
◎瓜につめあり、爪につめなし　26
◎手の付く言葉、大集合　29
◎「前」つき言葉　32
◎魚偏の漢字　35

第二章　最後の晩餐　39
◎キムチの誕生　40
◎茶漬け談義　43
◎中秋の名月　46
◎最後の晩餐　49
◎米の新品種　52
◎ＴＫＧ　56
◎目からウロコ　59
◎おでんの変遷　62
◎何故に八丁堀？　65
◎柿喰えば鐘が鳴るなり東大寺　68

第三章　糸し糸しと言う心　73
◎雨雨ふれふれ　74
◎日本語スピーチコンテスト　その2　77
◎情袋　79
◎「美」の字解　83
◎糸し糸しと言う心　86
◎フーテンの寅　90

第四章　オバマの中国語表記　97
◎星期日とは　98
◎生麦酒　102
◎我愛你　105
◎オバマの中国語表記　108

◎貼面舞 111
◎加油 114
第五章　英語の難しさ 119
◎和製漢語 120
◎前立腺とは？ 123
◎英語の難しさ 127
◎カテーの問題 133
◎彼に憧憬してたのよ 137
◎フフ喧嘩 140
第六章　アメリカ人の心意気 143
◎Honk! If you Helped JAPAN! 144
◎アメリカ人の心意気 147
◎震災関連　醤油作り 151
◎カンショウ対象地域 155
第七章　１９４１年12月７日 159
◎１９４１年12月７日 160
◎『二つの祖国』 171
◎収容所の孤児院 175
◎『北米川柳道しるべ』 179
第八章　月から太陽への改暦 185
◎洗濯石鹸 186
◎大相撲ロス場所 189
◎六月の天気 192
◎蚊取り線香 195
◎三千年前の美女 198
◎「閏年の謎」の訂正 202
◎月から太陽への改暦 206
◎大晦日のブルームーン 209
番外編　こぼれ話 213
おわりに 220

第一章　『紅白』の歴史

◎『紅白』の歴史

日本を長く離れていて一番恋しく思うのは、やはり日本の正月である。元旦の心引き締まる気分、神聖を感じた空気がなつかしい。

日本の正月は完璧だ。初詣、初日の出、初荷、出初め式と初物尽くしである。こっちも初ソーシャル・アワーとしゃれ込もう。数年前の一コマである。

紅白歌合戦の話をお持ちしたのだ。まずは白板に〝**一九五一年（昭和二十六年）一月三日**〟と大書した。第一回目の紅白歌合戦である。夜の八時から九時までの一時間、NHKで生放送されたという。

「当時はテレビ放送が始まっておらず、ラジオ放送でした。出場歌手は男女七組ずつ総勢十四人です」

一番乗りは辻元さんだ。

「どんな歌手が出てますか」

「私の知った歌手では渡辺はま子と藤山一郎」

と告げると、みなさんの間から「ああ、なつかしいね」という合唱が起った。

「第二回の昭和二十七年も一月三日でした。ちょっと面白い話があるので引用します」

〈出場予定の松島詩子を乗せた車が、NHKに向かう途中都電と衝突する事故を起こした。重症を負った事で出場が不可能になり、越路吹雪が代わりに出場した。当日越路は自宅で新年会の真っ最中で出場を依頼された時は泥酔状態だったが、時間が迫ると『じゃあ、行ってくるか』とNHKへ

向い本番では見事に歌い上げた。〉

「面白いですね。ただ、何といってもラジオ放送です。テレビの生放送だったらできませんよ」

と言って酔っぱらって歌う振りをしたところ、みなさんの大きな笑い声が轟いた。

翌昭和二十八年は、紅白にとって記念すべき年となる。第三回が一月二日、第四回がその年の大晦日と、二度催されたのである。公開用の大きな会場は年明けには空きがなく、第四回は空きのあった大晦日に移したのだそうだ。

これを持って、大晦日の風物詩としての紅白歌合戦が誕生したのだった。折りしも昭和二十八年二月一日にはNHKがテレビの本放送を始め、紅白のテレビ放送が可能になったのも第四回以降である。

このことをお知らせすると、村岡さんが「面白いですね。それにしても、こんなにたくさんのことをどうやって調べるんですか」と続いた。

「あっ、簡単なんです。インターネットに紅白歌合戦と打ち込むと、色んな情報がどっさり出てきます。百科事典も本を要らないんです」

と告げると、加地さんが手を左右に振って遮った。

「先生、だめですよ。そんなに正直に言っちゃ。私たちは何にも知らないんだから、正月も返上して日系図書館にこもって調べたとでも言っとけば」

その日は、みなさんが浮き浮き気分だった。若き日に熱を上げた歌手と歌の話は、長い年月が過ぎようとも甘い思い出として心に刻まれるのだろう。

そろそろ幕引きだ。

「それにしても不思議なことがあるんです。第二回の紅白出場者に轟夕起子とあり、曲名が『お使いは自転車に乗って』だったのです」

すると、「お使いは自転車で気軽にゆきましょう」と口ずさむ声が聞こえた。西さんだ。

「私もこの歌、良く覚えているんです。ですけど、第二回の紅白は昭和二十七年の一月です。私の生まれる前です。どういうことなんでしょう」

「もしかして神童だったりして」

間髪入れない加地さんの反応だった。場内は瞬く間に爆笑の渦だ。

「いやー、今年はいい年になりそうです。正月早々、神童扱いですからね」

またもや爆笑の渦だ。初ソーシャル・アワーも笑いの渦の中で終わりとなった。

◎百歳のスイマー

この日は、ソーシャル・アワーに取って置きの話題が手に入った。〝百歳の日本女性が快挙　世界初千五百メートルを完泳〟という記事がサンケイ新聞のインターネット版に載ったのだ。

山口県田布施町に住まれる百歳の現役スイマーが日本マスターズ水泳大会の女子千五百メートル自由形に出場し、百～百四歳の部で世界初の完泳を果たしたということだった。

まずは村岡さんのほうへ顔を向けた。なんと言っても百歳に最も近く、山口県岩国市で女学生時代を過ごされた方だ。

ところがである。その内容を知らせようとしたちょうどその時、現役スイマーの水着姿が頭をかすめたのだった。とっさに、「それにしても、百歳の方の水着は既製品なのでしょうか」と口走ってしまったのだ。

みなさんは一斉に吹き出した。それもそうだろう。世界記録の話と思って耳を澄ませたところへ、百歳の水着と来れば無理もない。

「あつらえないといけないかも知れませんね」

と平静を装って追い打ちをかけたところ、場内は大騒ぎである。騒動がおさまるのを待って続けた。

「みなさん、水泳のほうは」

まずは杉井さんと松島さんが、「金槌です」と声を揃えた。次は村岡さんだ。はるか彼方へ想いを馳せるように「若い頃は良く泳ぎました」と続いた。不思議である。村岡さんが言われると、いくらでも際限なく泳げそうに思えるのである。

「じゃ、岩国から四国まで」

と冗談をふっかけたが、それでも真面目な面持ちを崩さず、「錦川で泳ぎました」と昔を懐かしむように言われた。錦帯橋のかかる錦川で泳がれたのだろう。

「百歳まであと四年です。世界記録に挑戦しますか」

と告げた後で〝その時には真新しい水着をあつらえて〟と続けようと思ったが、辛うじて思い留まった。冗談が過ぎるのは控えねばならない。

この二〇一五年四月七日のソーシャル・アワーは、大川ミサヲさんの訃報と重なった。二〇一三年の六月に木村次郎衛門さんが亡くなって以来、世界最高齢の座を守ってきた方である。世界最高齢者が変わる度にそのことを話題にする。その度に、目指すところはまだまだ先だということをお伝えするのである。

大川ミサヲさんは四月一日に亡くなられた。一八九八年に生まれたこの方は、百十七年と二十七日を生きられたのだ。そして、百十歳まで車いすを必要としなかったというから驚きだ。一八九八（明治三十一）年というと、勝海舟もジョン万次郎も生きていた時代である。そして、百十七年を生きたということが殊更なのだそうだ。何しろ百十七歳の誕生日を迎えた日本人は、この方が歴代初めてなのである。

この方は、百十六年と百七十一日を生きられた日に、日本およびアジアにおける歴代最高齢記録を樹立した。つまりは、何百億という歴代のアジア人すべての頂点に立たれた方なのだ。なお、この方が生きた百十七年二十七日というのは、人類史上では五番目だという。上には上があるものだ。

「では質問です。人類史上の最高齢は何歳でしょう」

「百二十歳」

自信満々の声で答えたのは村岡さんだった。何年も前に百二十歳が大還暦だとお知らせしたことを、今もちゃんと覚えていらっしゃるのだ。

人類史上で最も長生きした人物は、その名をジャンヌ・カルマンという。フランス人のこの方は百二十二年と百六十四日を生き、一九九九年八月に亡くなられた。

「この方が大還暦を迎えた人類史上唯一の人なのです」

と付け加えると、みなさんは「ホオー」と声を一つにした。ところがどういうわけか、村岡さんの目にキラッと光る物を見たような気がした。秘かに狙っていらっしゃるのかも知れない。明晰な脳の働きとポジティブな心持ちを備えられた村岡さんのことだ。是非とも大還暦を目指していただきたい。

◎三三七拍子

この日は所定の席に着くなり、朝川さんが、「先生、太鼓良かったですよ。太鼓の音はすごいですね。胸にどんどん響いてくるからね」と声を大にした。

「ありがとうございます」

他のみなさんからも、「素晴らしかった」「よかった」「感動しました」という声が上がった。

その数日前に、この場で太鼓演奏が実現したのだ。引退者ホームへの慰問として、所属するグループのメンバーを率いて来たのだった。場所も、ソーシャル・アワーで使うこのホールがあてがわれた。定員二百人ほどの会場は立見席が出るほどだった。数日ぶりに戻ってくると、そのときの熱狂がよみがえってくる。

「メンバーのみんなも大そう喜んでいました。人の前でしょっちゅう演奏していると、あるんです。気分が乗る時とそうでない時というのが。みなさんの熱気を強く感じたようです。楽しく叩けたと言っていました」

するとと村岡さんが、大きな笑みをたたえて「先生は本当にお上手でしたよ」と言われた。

「ありがとうございます。ですけど面白いんです。舞台の上で太鼓を激しく叩いてますが、観客席のみなさんが嘘のようにはっきりと見えるんです。その日は村岡さんの横に川北さん、その横に辻元さんがお座りでした」

と告げると、ご三方は顔を見回しながらうなずいた。

「このご三方はすごいんです。両手を上げて」

とまで言って、その仕草を真似た。

「みなさん、覚えていらっしゃいますか。ビートルズがアメリカを初めて訪れたときのことを。ビートルズの公演の時に、真ん前で両腕を高く上げて、気を失ったように絶叫した若い女性たちのことを。まるで、その方たちではないかと見間違えるほどでした」

どよめきが起こった。そしてご三方はというと、恥らいの表情を浮かべながらも嬉しさのあまりに吹き出していらっしゃる。

「想像してみて下さい。ご三方の平均年齢は九十近いはずです。そのご三方に熱狂されると、やってるほうも〝よし、がんばろう〟という気持ちになるんです」

と言ってガッツポーズを作ったところ、万雷の拍手が起こった。そして村岡さんが、拍手の鳴り止まぬうちに呟き込むように言葉を放った。

「嬉しくて嬉しくて、三人で先生ばかり見てました」

ご三方が大きくうなずきあった。

「そうですか。道理で。私はアイドルになった気分で夢中になって叩きました」

この日の話題は、「手締め」にした。日本ならではの伝統文化「手締め」には、一丁締め、三本締め、大阪締め、博多締めなどがある。時代により、地方により、形も異なるようだ。

調べてみると、三本締めは江戸時代初期から行われてきたという。江戸の風物詩というと、毎年十一月頃に開かれる酉の市である。熊手が売れるたびに売り手と買い手が三本締めで締める風景が微笑ましい。「パ・パ・パン　パ・パ・パン　パ・パ・パン　パン」で一本締めである。「三」掛ける「三」足す「一」、すなわち「九」足す点で「丸」を意味するのだそうだ。うまく考えたものだ。一本締めを三回続けるのが三本締めであるらしい。売ったほうも買ったほうも手締めで丸く収まるわけである。

そして、パンと一回だけ手を打つやり方を一丁締めと呼ぶそうだ。これも潔さがあって良い。

なお、手拍子で忘れてはならないのが「三三七拍子」であろう。日本全国に知れわたる三三七拍子である。これも古い伝統を持つものと思ってきたが、さにあらず。大正末期の一九二二年に生まれた割合に新しい手拍子なのだそうだ。

このことを知ったのは、当地ロサンゼルスにある大学校友会の納会の席であった。余興のために和太鼓を持ち込んだのだが、応援団出身の先輩と「雨の拍手」をコラボすることとなった。

その場でその先輩に知らされたのが、三三七拍子は当時の明治大学応援団長によって始まったという逸話だった。そのことが大いに突飛だったし、誉でもあった。

そのことを、この日のソーシャル・アワーでお知せすることにしたのだ。

「大発見です。みなさん良くご存じの三三七拍子、あれは我が母校明治大学で始まったそうです」

と伝えると、まずは西さんだ。

「ヘエー、あの三三七拍子がですか。ヘエー」

そして、杉井さんが続いた。

「どこの運動会へ行ってもやってるあれですか」

「そうです。あれです」

どのような形にせよ、母校が世のためになっていることを知るのは悪くない。三三七拍子がなかったなら、日本全国で催される運動会がボリュームの低いものになったろうと考えるとなおさらである。

インターネットで調べると、大学四年だった相馬基さんが一九二二年に初代応援団長になり、当時盛んだったレガッタ（ボートレース）の応援のために考え出したのが三三七拍子だったという。

三・三・七のリズムは「勝った　ほうが　いい／勝った　ほうが　いい／勝った　ほうが　いいった　ら　勝った　ほうが　いい」という三・三・七区切りの掛け声に合わせて、拍手ができるようにと考え出されたという。なお相馬さんは元相撲部だったため、大きく両手を広げて動かす身振りは相撲取りが土俵入りする時の不知火型を取り入れたのだそうだ。

このようなことをお伝えし、この日のソーシャル・アワーは終わった。言うまでもない。この日は、締めで終えることにした。

「ではみなさん、ご起立を」

みなさんは怪訝そうな表情を浮かべながらも興味津々の様子だ。
「みなさん、お手を拝借。さっ」
パ・パ・パン　パ・パ・パン　パ・パ・パン　パン
「よー」
パ・パ・パン　パ・パ・パン　パ・パ・パン　パン
「もう一丁」
パ・パ・パン　パ・パ・パン　パ・パ・パン　パン

◎なでしこJapan

「なでしこＪａｐａｎ」が日本列島を興奮のるつぼに変えたのは二〇一一年の七月だった。千年に一度という自然災害に瀕した日本列島に束の間の熱狂を与えた。このことは、海外の日系人社会においても同じだった。準々決勝でドイツに勝ち、準決勝へと進むことが決まったところでソーシャル・アワーでも話題にした。

「延長戦にもつれ込んだ末に一対〇で勝ちました。主催国ドイツを破ったのですから、ものすごい快挙です」

と伝えると、浮き浮きワクワクのみなさんが「頑張ってほしいね」と声を一つにした。その後で「なでしこJapan」の代表選手の名前を話題にしたのである。

あゆみ　ゆかり　梓　紗希　彩　忍　真菜　穂希

白板に書かれるごとに、みなさんは声に出して読まれた。ところが、穂希のところで声が止まった。

一番乗りは辻元さんだ。

「それは何と読むのですか」

「さあ。〝ほき〟ですかね。そうとしか読めませんね」

この時点では、個々の選手の名前はあまり知られていなかった。次は〝**夢穂**〟と書いて「なんと読ませるんでしょうね」と続けると、加地さんが率先した。

「〝ゆめほ〟か〝むほ〟しかありませんね」

そして〝**あや　優季　桂里奈　梢　のぞみ　美穂**〟と続けた後で、「お待たせしました。やっと、子の付く名前が出てきます」と告げた。すると、みなさんの顔に安堵の様子が浮かんだ。

喬子

ところが、反応がよろしくない。永田さんが代表した。

「子がついていても、なにか珍しい字ですね」

残りを書いた。

めぐみ　明日菜　奈穂美　瑠美　愛実

白板には二十一の名前が所狭しと書かれてある。

「いかがですか、みなさん」

と問いかけてはみたが、反応がない。みなさんも言葉に窮していらっしゃる様子だ。

「私は何日か前にこれを見て思いました。何かこう、しゃれた名前にしょう、目立つ名前にしょうとして付けたは良いが、逆に全然目立ってないじゃないかと」

「そうそう、それですよ。まったく」

辻元さんだ。そこで白板に残しておいた余白に書き入れた。

純子

「そのほうがよっぽどすっきりして目立ちますよ」

またまた辻元さんだ。みなさんも手を叩いて賛同し、勝ち誇った表情を浮かべた。文子さん、君子さん、琴子さん、蓉子さん、哲子さん、和子さん、千代子さん達だから勝ち誇るのも当然だ。


当代の名前事情を続けた。

「私の高校の同級生に赤ペン先生を生業《なりわい》にする者がいます。何十年も続けています。すると多くの生徒を相手にしますから、色んな面白い名前を知らせてくれます」

羽音

まずはウオン、ハネオトという声が上がった。そして西さんが、「ハオトですか」と続いた。

「ハオトが一番近いですね。ハートと読ませるようです」

と告げると、みなさんは耳を疑う仕草を露にした。それはおかしいということなのだろう。すると、西さんが助け舟を出してくださった。

「だったら、心と書いてハートと読ませるほうが良いのに」

それは名案だ。まさに make sense である。白板に〝**円智**〟と書いて続けた。

「エンチ」

「エンチですか。比叡山とか高野山の世界ですね。これは、円をマルと読ませるそうです。マルチが正解です」

と伝えたところ、不満が頂点に達したようだ。みなさんが「それはおかしい」と合唱した。

ここで加地さんの登場である。

「本当におかしいです。日本人の名前ですからね。そしてあれですよ。人間、マルチじゃなくてもいいんです。大きくなってマルチじゃなかったら惨めですよ」

まさにその通りである。

◎珍しい苗字

白板に〝**九十歩**〟と書いて「なんと読むでしょう」と聞いたところ、まずは大正七年生まれの川北さんが一番乗りだ。

「読んで字のごとく、キュージッポ」

「川北さん。世の中、そんなに甘くはありません」

これには伏線がある。ある会合でお目にかかった日系三世の方と初対面の挨拶を交わしたところ、〝Kujubu〟だと自己紹介されたのだ。何とも珍しい苗字である。

相手は日系人だ。漢字でどう書くのかを英語で聞いてみると、「「Ninety and aruku の ho」という答えが返ってきた。いつもそのことを質《ただ》されるのだろう。説明も乙にいったものだ。

そして、祖父母の出身地である広島県矢野町では珍しくないということも付け足した。私の出身地である広島県呉市とは車で三十分ほどの距離だが、これまでの人生で聞いたことも見たこともない苗字だった。

そのことをきっかけにして、数字のつく日本の苗字を調べることとなった。言うまでもなくソーシャル・アワーでの話題としてである。不思議な苗字が溢れていた。

九

と白板に書くと、まずは辻元さんだ。

「これも苗字ですか。名前だったら坂本九さんだけどね」

すると西さんが、「ひさしじゃないかしら。坂本九さんの本名はひさしさんなんです」と続いた。それにしても色んなことを良くご存じだ。

みなさんはというと、白板に書かれた〝九〟に釘付けである。まるで見当が付かないという様子だ。

そこで九の下に〝いちじく〟と書き添えたところ、すぐに「そうですか。それは納得ですね」という声が上がった。安保さんだ。

「えっ。いちじくの見当が付くんですか」

「そりゃ、一字の九ですもの」

「たしかに。何故に〝いちじく〟なのかと二日ほど悩んだのですけどね。さすがは年の功です。恐れ入りました」

ここで一つ説明を加えよう。この引退者ホームでは二つのソーシャル・アワーが同時進行する。英語のと日本語のものである。日系二世は英語、成人されてからアメリカへ渡ってこられた人たちは日本語のソーシャル・アワーとなる。帰米二世であっても英語の楽な方々は英語のほうを選ぶ。安保さんはまさにそのケースなのだ。

ただ、その週は英語の先生が日本へ行かれたということで休講となった。すると、日本語も解する帰米二世の方は日本語のほうへ雨宿りとなるわけだ。

「安保さん、お元気でしたか」

と尋ねると、「えっ。どうして名前を覚えてらっしゃるのですか」と言って目を丸くした。たぶん一年ぶりの出席だったはずだ。ちなみに、安保と書いて〝アボ〟と読む。

「少々じゃ忘れられない珍しいお名前ですからね」

安保さんは広島県因島市出身の方のところへ嫁がれたのだ。因島市では珍しくないとも言われた。

続いて〝一二〟と書いた。だが、反応がまるでない。それもそうだろう。それが〈つまびら〉とは、見当のつけようもない。

「ではみなさん、これはどうでしょう」

一二三

と白板に書くと、川北さんの顔がほころんだ。

「ひふみ。知り合いにそのような名前の人がいまして」

「そうですか。では、こういうことも有り得ますね」

一二一二三

と書くと、八田さんが一番乗りだった。

「イチ・ニ・イチ・ニ・サン」

ホールに開けっぴろげの笑いが溢れた。目論見《もくろみ》通りだ。

「きのうの夜、きょう話すことを練ったのですけど、どなたか〝イチ・ニ・イチ・ニ・サン〟と答えて下さらないかと願ってました。ありがとうございます。最高です」

と言って、もう一つ書き記した。

左衛門三郎

「〝さえもんざぶろう〟ですか」

「はい、辻元さん。正解です。面白いですね」

と伝えると、「先生」という声が聞こえた。加地さんだ。

「面白いというか、おかしいというか。それが苗字だったら、名前も要りますよ。左衛門三郎内蔵助なんちゃってね」

底抜けに明るい笑い声が場内に満ちたのは言うまでもない。

◎瓜につめあり、爪につめなし

今回も珍しい苗字の話を続けよう。

「先週は日本の珍しい苗字の話をしましたが、お知らせできなかったのがあるので、そのことから始めます」

と言って、白板に書き記した。

崩　転　冠　悪虫

だが、思ったほどには反応が戻ってこない。そこで各々の苗字の横に〝**くずれ　うたたね　かんむり　あくむし**〟と書き足したところ、村岡さんが先陣を切った。

「へえ、あれで〝うたたね〟ですか」

「そのようです。本来は〝転寝〟と書いて〝うたたね〟と読むのですが、苗字にする時に省略したのでしょうか。それにしてもあれですね。このような苗字の家に生まれた子供というのは不幸ですよ」

とお伝えすると、八田さんが「一生〝うたたね〟と呼ばれたんじゃ、目も当てられませんよ」と続いた。次は加地さんだ。

「〝くずれ〟と呼ばれ続けるのもいやだね」

それを引き継いだのは西さんだ。

「〝悪い虫〟と呼ばれるのは、もっといやだわよ」

そして、「いつも〝お冠〟と呼ばれたんじゃ、生きた心地がしないだろうね」と締めくくったのは朝川さんだった。

この日も珍しい苗字を続けた。

九

「いちじく」

すぐに辻元さんの声が響いた。

「覚えていただきましたね」

「やっとこさ。何週もかかりましたけどね」

そして、〝九〟の横に〝**阿　春夏冬　生天目**〟と書き足して続けた。これらはその数週間前に話題にした珍しい苗字である。その時にすこぶる反響が良かったので、日本の友人へと同じクイズを送ることにしたのだった。高校時代の同期で、音楽学校の校長を務める友人である。

「〝いちじく〟と〝いのうえ〟が正解で戻ってきました。生天目は〝なまため〟ではなく〝なばため〟で戻って来ました。これもほとんど正解です」

と伝えると、何故か浮き浮きの朝川さんが、「すごいですね。さすが校長さん」と続いた。

「そして春夏冬ですが、これがなんと〝はるなっとう〟ではないかと返ってきたのです」

すると西さんが、「ヘエー。それは悪くないですね」と言って、深く感心した様子である。

したところ、「先生。その〝はるなっとう〟ですけど、正解は何だったでしょうか」と、蚊の鳴くような声が聞こえた。村岡さんだ。

「あ、はい。春夏秋冬の秋がないということで〝あきなし〟でした」

「そうそう。そうでした」

と言って、ご自分のノートにしたためられた。初回からずっとノートを持参される村岡さんだが、余白などないほどびっしりと書き込まれてある。

「次です。蚊の鳴くような声が出たところで」

と前置きをして白板に〝**蚊瓜**〟と大書したところ、「それは瓜ですか、爪ですか」という声が上がった。

辻元さんだ。

「あっ、これですか。〝つめ〟のつもりですけど」

と言って〝**かがつめ**〟と読みを書いたところで、加地さんからのお咎《とが》めだ。

「じゃ、間違ってますよ。それじゃ〝うり〟です」

「そうですか」

その違いを飲み込めず頭をかかえている私を尻目に、辻元さんがみなさんを代表した。

「〝瓜につめあり、爪につめなし〟と言うんですよ」

辻元さんの説法に、みなさんは一同にうなずいた。

「〝ウリにつめあり、ツメにつめなし〟ですか。ちょっと書いてみましょう」

瓜　爪

「本当だ。初めて知りました。恐れ入りました」

さすがである。みなさん、漢字にお強い。

ここで「阿」の読みをお知らせしょう。阿は〝あいうえお〟の「い」の上であるから、「いのうえ」と読ませるのだそうだ。

◎手の付く言葉、大集合

日本語には、身体の部位を用いた言葉が少なくない。目を丸くする、頭にくる、臍で茶を沸かす、屁っぴり腰などである。

「きょうは手のつく言葉を行きましょう」

と告げると、言い終わる前から「手癖が悪い」「手を出す」という声が響き渡った。八田さんと村岡さんだ。申し分のない筋書きだ。すぐに八田さんを向いて、「八田さんは先週、足を洗うとおっしゃったばかりですが、まだ手癖が悪いんですか」と突っかけた。

その前の週は足のつくからだ言葉を話題にしたのだが、その時に勢いよく先陣を切ったのが八田さんの「足を洗う」だったのだ。みなさんは大いに羽目を外した。

「そして村岡さん、手を出すのは男と相場は決まってます。手が早いのもそうですね」

みなさんは、この手の話には目がない。久しぶりにお見えになった川瀬さんは特にご機嫌の様子だ。

「女に手を出したのは良いのですが、手玉に取られて手切れ金をせしめられたってな感じですかね」

すると川瀬さんは、女学生に舞い戻ったように笑い転げた。

「それにしてもあれですね。いつも感じることですけど、こういう話をすると、みなさんの目の色が変わってきます。辻元さんなんか、目がいっそう輝いてますよ」

と、先ほどまでコクリコクリとこうべを垂れていた辻元さんをターゲットにしたところ、「いやですよ、先生」と、はにかみの笑みを浮かべた。

「手のつく言葉はたくさんあります。どんなのが思い浮かびますか」

川瀬さんが率先した。

「お手並み」

「はい。お手並み拝見、いいですね」

次は、手ぐすね引いた八田さんの出番だ。

「手配」

「八田さん、まさか手配されたんじゃないでしょうね」

その一言に、八田さんは転げ回るほどに笑った。

「犯罪の手口、そして警備が手薄になるとも言います」

八田さんは笑顔のまま大きくうなずいた。そしてあちこちから、「手を上げる」「手料理」「手下」「手打ち」「手本」「手持ち無沙汰」という声が起こった。

「いやあ、きょうは調子いいですね。手順、手数料、手付金、手を抜く、人手が足りない、手が付けられない、手が無い。色んな使い道があるもんですね」

と伝えると、西さんが納得された口調で応えた。

「本当にそうですね。先日から続けられているからだ言葉、日常あまり気にせずに使ってますけど、本当に味わい深いですね。そして、使い手の良い表現ですよね」

「おっ、使い手も手が付きますね」

「あら本当だ。でしょ。知らぬうちに使ってますよ。手塩に掛けるなども良い表現ですね。手一杯とか。お手元というのも良い響きです」

「使い手の良いものというと、手伝い、手続き、手順、手取り、手作り、手軽、手柄。色んなのがあります」

みなさんは、その度に大きくうなずいた。

「そして、忘れてはいけないのが手前ですね」

ここでみなさんが、もう一度大きくうなずいた。

「茶の湯でのお手前もあります。世間の手前のように、何々の体裁上というのもありますね。では手前の前ですが、日本語には〝前〟のつく言葉がたくさんあります。腕前とか錠前というやつですね」

と矛先を変えると、「板前」という声が上った。

「いいですね、八田さん。板前とくれば出前もあります。一人前もそうですね。ではきょうの最後です。前のつく言葉で、これだけは忘れてはなりません」

と告げ、一呼吸置いた。場内から音が消えた。そこへ、声を大にして言い放ったのだ。

「男前」

場内は、けたたましい笑い声でふくらんだ。キャッキャッと手を叩いて笑う方、身体をねじるようにして笑う方、吹き出すのを止めようと口をふさいで笑う方、色んな笑いのオンパレードだ。

そこで聞こえたのが、「どうして女前はないんだろうね」という声だった。辻元さんだ。

「やっぱり、手が早いのも、手を出すのも、手玉に取られるのも男ですからね」

けたたましい笑いがぶり返して一件落着となった。

◎「前」つき言葉

過ぎた一週間のニュースを二つ三つお伝えしたところで、用意した「前」の話へと移った。まずは、「加地さん、先週は完璧な幕切れだったのですよ」と始めた。定期検査のため前の週はお休みだったのだ。

「手のつく言葉から始まって手前となり、前のつく言葉を続け、最後は男前で終わったんです」と勇んで喋ったが、返って来たのは「完璧というより、いい加減な終わり方のように聞こえますけど」だった。

「まあ良しとしますか。人生の大先輩ですからね」

「なーに言ってんですか。大先輩だなんて」

「では行きます。またまた前です。あれから前のつく言葉を調べました。ありました。分け前をよこせ」

「きっと、上前をはねられたんだね」

さすがは人生の大先輩である。うまいものだ。

「持ち前の頑張りもあります。費用を自分で負担するのは自前でしたね。一人前もありますよ」

「天丼一人前ってね。勢いがいいですね」

「私だったら天ざる三人前くらいでしょうか」

「そりゃ、食い意地の張りすぎだ」

「加地さん、落とし前をつけてもらいましょう」

ここで、『お言葉ですが・・・』の登場だ。

「この本は、分け前、上前、持ち前、天丼一人前、落とし前などを〝取分の前〟とか〝配分の前〟というふうにとらえています。板前もこれで説明できますね」

西さんが続いた。

「なるほど。日常なんとなく使っている言葉も、このように解説していただくと面白いですね」

「では、もう一つのほうです。優れた技量の〝前〟です。腕前がそうですね。一人前も、一人前の大工となると優れた技量ということになります」

すると、「結構なお点前も優れた技量ですね」と西さんが加勢してくださった。そして、村岡さんが続いた。

「じゃ、気前も良い気性ということですか」

「はい。そして、優れたを象徴するのが」

と言って一呼吸置いたところ、「男前だと言いたいんでしょ」と来た。その手には乗りませんよという調子の加地さんだ。

「あれっ、完璧に読まれてますね」

「当たり前ですよ」

「当たり前と来ましたね。前つきの言葉ですね」

「あら、本当だ」

他のみなさんは腹を抱えていらっしゃる。

前のつく言葉で忘れてはならないのが〝名前〟である。

「名前の前は腕前や男前と同じで、良い名ということなのではあるまいかとあります」

と伝えたところ、西さんからクレームがついた。

「なーんだ。もっと由緒のある言葉かと思ったのに」

「そう来ると思ってました。ご安心ください。ソーシャル・アワーはその程度では終わりません」

名前という言葉は案外と新しい言葉で、最も古い用例でも十九世紀前半、江戸末期であるらしい。これには驚いた。名前という言葉の響きから、いにしえから親しまれる和語だと思ってきたからである。

すると、名前という言葉が大河ドラマ『龍馬伝』の中で使われるのは問題ないが、『江　姫たちの戦国』で出てくるのは間違いということになる。名前という言葉が生まれる二百年以上も前の話だからである。確かめたことはないが、戦国時代のドラマで名前という言葉は頻繁に使われるのではないだろうか。

「では、ちょっとばかり矛先を変えましょう。『江　姫たちの戦国』です。舞台は戦国時代なのに、幕末以降に生まれた約束や屈辱、希望のような言葉が出てくるのを聞いて心臓が止まりそうになったことがあります」

と告げると、加地さんがすぐに反応した。

「心臓が止まると来ましたね」

「そりゃそうでしょ。訪ねて来た江姫に、お茶々がコカ・コーラを出してもてなすようなものですから」

「本当ですね。私だって心臓が止まりそうになります」

するとすぐとなりの岡野さんが、いたずら盛りの子供のように口ずさんだ。

「コカ・コーラと一緒にポッキーも出てきたりしてね」

これで申し分のない幕切れとなった。

◎魚偏の漢字

この日は開口一番、「きょうは試験です」と声を上げた。するとみなさんは、一様に苦虫をつぶしたような顔に変わった。面白いものだ。いくら年を取っても、試験という言葉にはジンマシンを催すのだろう。

だが試験とはいえ、漢字を読み自己採点するだけの話である。数年前にも施した試みだが、少し直してお持ちした。答案用紙をお見せしよう。

鯰　鱒　鰍　鱶　𩸽
鯔　鰌　鰊　鰺　鮃
鮒　　鯖　鰤　鰹
鮎　鯱　鯛　鯉　鱧
鮪　鮫　鮭　鰯　鰆

「上の段の左から行って見ましょう」

と始めると、「まぐろ、あゆ、ふな」という合唱が起こった。ところが、次が続かない。鯔でつまづいたのだ。数秒の沈黙が続いた。そこへ「ボラ」という声が響き渡った。意を決したという勢いの村岡さんだった。

「ウーン、惜しい。イナが正解です。鯔背《いなせ》という時の。ですけど大きくなるとボラですから、半分正解ですね」

とはいえ、気分がどうも落ち着かない。これを書く段になって国語辞典に「ぼら」を引いて見た。なんと、鯔とあるではないか。ボラで大正解だったのだ。さすがは村岡さんだ。つまり「鯔」を持ってイナともボラとも読むのだそうだ。

次の鯰も、村岡さんの「なまず」で解決だ。だが、鮫の後は答えが真っ二つに分かれた。「しゃち」と「ふぐ」である。数年前の時も「ふぐ」と読んだ方が多かった。虎ふぐからの思い込みだろう。を次に持ってきたのはそれが所以である。この頃のワードは優れものだ。「ふぐ」を打ち込むと、河豚、鰒、

そして絵文字が出てきたのだ。絵文字を拝借しない手はない。

だが、鮨でまたもや沈黙である。ところがうまくしたもので、またまた村岡さんの鶴の一声が鳴り響いた。

「どじょう」

「正解です。さすがは大正生まれ。続けましょう」

ます、しゃけ、たい、さば、にしんと順調に進んだが、鰍で引っかかった。みなさんが「さんま」と声を一つにしたのだ。

「さんまは秋の刀の魚でした。魚偏に秋でカジカです」

と伝えると、みなさんは大いに納得された。

「鰯」は軽くクリアした。そこで、少し国字ということを説くことにした。国字とは、日本で作られた漢字ということである。良く知られるのは峠、畑（畠）であろうか。言うまでもなく、これらの国字には音読みはない。とうげ、はた、はたけという訓読みだけである。躾《しつけ》も音読みはない。

四方を海に囲まれた日本である。太古の昔から魚を生きる糧として来たからなのだろう。日本には、中国の漢字だけでは賄いきれないほどに多種の魚があった。魚偏の国字が必要となったわけだ。その代表格が鰯だろうか。鯰や鯱も日本だけで通じる漢字である。

答案用紙を続けた。こい、ぶり、あじと順調に進んだが、鱶で急停車となった。これもまた村岡さんの出番である。静まり返った場内に「ふか」という声が響いた。

「イヤー。大正生まれは本当に凄い。脱帽です」

ここで加地さんの登場だ。いつになくおとなしかった加地さんだが、「ここまで来ると芸術品だわ。ですけどね、先生。私たちの時代は習えなかったのです」と重い口を開いた。

同じ午年生まれの杉井さんと森岡さんに目配りしながら「私たちの頃は戦争戦争で学校に行けなかったものね」と同調を請うた。昭和五年生まれのご三方は、戦争の始まった昭和十六年が中学校へ上がる年頃である。

漢字読みは続き「魳《ほっけ》」を残すだけとなったが、これは難問だ。村岡さんまでも口を一文字に結んでいらっしゃる。そのままで少し待った。そうしたところ、とんでもない答えが返って来たのである。

「花かつお」

場内に鳴り響く声の出処は、またしても村岡さんだった。これにはみなさんも大いに吹き出した。てんやわんやである。そんな中、抱腹絶倒の西さんが声を絞り出すようにして「まさに芸術品だわ。花かつおは村岡さんの国字ですね」と言った。魳も歴とした国字である。

第二章　最後の晩餐

◎キムチの誕生

ソーシャル・アワーを受け持つようになったのは二〇〇九年の六月だった。平均年齢八十六の場では言葉をトピックにするに限ると決めてからそのことに集中した。日本語に中国語と韓国語をからめたことが功を奏したのだろう。みなさんからすこぶる良い反応を頂戴した。

喜んでいただけると、やるほうも元気が出るものである。予定の一時間を越えることが毎度のこととなった。ところがうまくしたもので、時間が超過したからといって苦情が出てくることもなかった。

「みなさんがたいへん喜んで下さるので、どうもいけません。ついつい時間が経つのを忘れてしまい、調子に乗って横道に紛れ込んでしまうことがしょっちゅうです。また面倒なことに、横道で油を売り始めると元に戻ることを忘れてしまいます。申しわけありません」

すると、村岡さんがこぼれんばかりの笑顔で応じた。

「いえいえ。横道に入って下さるから楽しいんです。油売り大歓迎ですよ。どんどん売って下さいな」

前回は、予定していたことを全て終えることが出来なかった。韓国語の話をしたのだが、ふと、「私はキムチを作るんですよ」ともらしたのが発端となったのだ。

すぐに西さんが反応した。

「へえー、大変でしょう。唐辛子、海産物、果物、色んな物が入ってますよね。どのようにして作るんですか」

「まずは白菜を塩漬けします。丸一日漬けると、白菜が泳げるほどに水が出ます。白菜がしんなりしたら塩抜きをしてしぼります。味付けはにんにく、生姜、りんご」

とまで言ったところで、再び西さんの登場だ。

「やっぱり果物が入るんですね。りんごですか」

「はい。そして小蝦の塩辛ですね。それとお粥です」

「初めて聞く話だわ」

「お粥を入れるのは私流と言うか、日本で出版された韓国料理の本に載ったものを拝借したんです。材料の全てをミキサーにかけ、どろどろの状態にします」

キムチというのは買って食べるものとお考えなのだろう。みなさんは手作りのキムチに夢中で耳を傾けた。

「そこへ荒挽きと細かく挽いたのと二種類の唐辛子を混ぜます。それを、しぼっておいた白菜に混ぜ合わせて出来上がりです。ガラス瓶に詰め室温で一昼夜寝かせると出来上がりです。冷蔵庫に保管すると何日か持ちます」

「美味しそうだね」

「本当だね」

「日本の漬物と同じで、日がたつと古漬けになります。日ごとに変化していく味を楽しむのも悪くないです」

そうしたところ、「へえー、先生は何でも出来るんですね」と、村岡さんが驚きの声を上げた。

「そんなことはありませんが、安心して食べられますから。科学調味料などは一切使いません。では、話のついでです。唐辛子はどこから来たでしょう」

「中国」

加地さんが一番乗りだ。

「違います。唐辛子に〝唐〟が付いてますけどね」

次は西さんだ。恐る恐る「メキシコかしら」と答えた。

「ピンポン。原産地は中南米です」

コロンブスの新大陸発見は、人類の歴史を根底から覆した。同時にこの大事件は、食材という側面からも人間の社会生活に計り知れない変化をもたらせた。かの地では、それまでの旧大陸には存在しなかった農産物が多く見つかった。痩せ地においても栽培可能なじゃがいも、さつまいも、とうもろこしは飢餓に苦しむ多くの人命を救い、世界的な食糧となった。

ただ、コロンブス一行が出会った土地には、目当ての胡椒は見当たらなかった。しかし、唐辛子という真っ赤な色をした刺激的な香辛料と出会うことになるのである。新天地で見つかったトマトと唐辛子は、それまでのヨーロッパ料理のコンセプトを根底からひっくり返す役割を果たすこととなった。

その後ポルトガルにより日本へともたらされた唐辛子は、秀吉の朝鮮出兵を通して朝鮮半島へと持ち込まれる。これが朝鮮半島と唐辛子の初めての出会いとなったのである。唐辛子の渡来はキムチを生み、朝鮮半島を代表する味覚となったのは言うまでもない。

このことをお知らせすると、感極まったという表情の村岡さんが、「先生はなんでもご存じなのですね」を繰り返した。横道にそれたお陰で思わぬ褒美をいただいた。

◎茶漬け談義

この日は『週刊朝日』に載った記事から始めた。天皇陛下が愛する駅弁は「チキン弁当」だとあったのだ。皇室関係の話題はみなさんの喜ばれるところである。そして、本題である茶漬けの話のさわりとして打ってつけだったのだ。

とここまで書いて、一つ訂正しなければならない。「さわり」である。『「サバを読む」の「サバ」の正体』（新潮文庫）から引用しょう。

〈「さわり」とは、「聞かせどころ、いちばんよいところ」のことを言います。（中略）ところで、文化庁の平成十五年度『国語に関する世論調査』で、「『話のさわりだけ聞かせる』のさわりはどこを指すか?」という調査をしたところ、およそ六割の人が、「話などの最初の部分」と回答し、本来の意味の「話などの要点」と　答えた人はおよそ三割という結果が出ました。〉

「チキン弁当」である。陛下が好まれるのは、ケチャップ味のチキンライスに鶏のから揚げが入った弁当だという。そして、〝庶民的な味がお好きなようです。〟とあった。みなさんは朗らかな笑顔とともに聞き入った。

ここで茶漬けの話へと移った。『サライ』に載った茶漬け特集からの引用である。昭和天皇はウナギ茶漬けを好まれたそうだ。〝年に一・二度、献上品として『お茶漬け鰻』が届くのです。通常の献立外に鰻のお茶漬けをお出しすると、本当に嬉しそうでした〟とあった。

「昭和天皇も庶民的な味を好まれたようです」

と続けたところ、緑川さんから待ったがかかった。

「お言葉ですが、鰻茶漬けは庶民の味とは言いません」

茶漬けの歴史を紐解くと興味深い。織田信長が桶狭間の合戦の前に湯漬けを用いたのは有名な話だが、平安時代には、ご飯に湯をかけた湯漬けや、夏場は冷たい水でご飯を洗って冷水をかけた水飯が食べられたという。

ガス炊飯器が登場するまでの長い年月を日本人は竈《かまど》に頼って生きてきた。江戸時代後期の江戸の庶民は、朝に飯を炊いて朝食にし、昼は冷や飯に一菜。夕飯は冷や飯に茶をかけて茶漬けにしたという。江戸時代の庶民にとって、茶漬けは日々の膳に欠かせない食事だったのだ。

現代の茶漬けというと永谷園の「お茶漬けの素」である。お茶漬け海苔の代名詞と言える存在だ。ここで話の矛先を永谷園へと変えた。

「〝美味しい茶漬けを家庭で〟をモットーに昭和二十七年に発売されました。これがなんと、私が生まれた年でもあるのですね」

と伝えると、すぐに西さんが反応した。

「あら。じゃ、先生は永谷園と共に成長された」

「ということになります。では、永谷園が提唱する最新レシピの紹介です。まずは夏。冷やしトマト茶漬け」

と高らかに読み上げたが、みなさんは揃ってポカンとした表情だ。それもそうだろう。茶漬けという と熱いお茶とタクアンのみなさんだ。

「作り方です。一、トマトは薄くスライスし、よく冷やしておく。二、茶碗に水洗いしたご飯を盛り、お茶づけ海苔をかける。三、トマトを乗せて冷水と氷を入れ、玉葱とパセリを飾る。いかがですか。夏には持って来いですよ」

と押してはみたが、みなさんはピクリとも動かない。依然、「お茶漬けは熱くなくちゃ」という声が流れた。

「では熱いやつです。生姜ミルク茶漬け」

と告げたところ、みなさんは目を丸くしたり、目を回したり、そして目を側《そば》めたりと大忙しだ。

「茶碗に盛ったご飯にお茶漬け海苔、チーズの順に乗せ、温めた牛乳をかけて出来上がりです。いかがですか最長老の村岡さん、新しい物にチャレンジしてみては」

「いえいえ。私は生まれてからこの九十六年間、お茶漬けは熱いお茶とタクアンです。それだけで満足なのです」

この突拍子もないミルク茶漬けだが、これを初めて試みたのは歌人の斎藤茂吉（一八八二〜一九五三）だという。生涯に千尾の鰻を食したといわれるほどの鰻好きで、時には沸かした牛乳をかけて鰻の牛乳茶漬けを試みたそうだ。

たかが茶漬けだが、世の中には一風変わった食べ方もあるものだ。森鷗外の好物は饅頭茶漬けだったという。四つ割りにした饅頭をご飯の上に乗せ、煎茶をかける規格外のものだったそうだ。

そして、一風変わったお茶漬けの筆頭は五代目古今亭志ん生の「酒茶漬け」だろう。茶の代わりに酒をかけたというのだから物すごい。ただこれは、天丼に酒を軽くまぶして食べたのに尾ひれがついた話らしい。

『サライ』に載った文を借りよう。〝白い飯に茶を注ぐ。ただそれだけでめっぽう旨い。振り返れば、このひと碗が、平安貴族も戦国武将も近代の食通までをも虜にしてきた。〟

お茶漬けは奥が深い。

◎中秋の名月

前回は「茶漬け談義」に話を咲かせたが、もう一つ付け加えよう。現代の茶漬けは、ペットボトル入りの茶を使うという。このことを紹介した後、「ところで、どうしてペットボトルと言うのでしょうね」と質問を投げかけた。

以前から、ペットボトルという呼び名に引っかかってきたのである。ペットとは愛玩動物に他ならない。すると、愛玩動物のためのボトルとなる。そんなはずはないと思いながらも長年調べるのを怠った。

その場は「次の週までに調べてきます」と告げるに留めたが、この頃はソーシャル・アワーのお陰で

〝どうしてだ〟と思ったことはその都度調べるようになった。ありがたいことだ。

そのことから始めた。まずは〝**PET Bottle**〟と書いた。

「ペットボトルのPETとはポリエチレンテレフタラートというプラスチックの一種だそうです」と切り出したが、みなさんは無言のままである。アメリカではプラスチックボトルと言う。つまり、ペットボトルというのは日本でしか通用しない和製英語なのである。

「だったら、もっと日本ぽいのにすれば良いのにと思うのです。日本が得意とするデジカメのように。プラスチックボトルだとプラボにするとか」

そこでやっと、みなさんの笑みが溢れた。それに乗って「日本ではブラッド・ピットのことをブラピと呼びます。日本人の得意技ですね。そうしたところ、本人もその呼び名にぞっこんだったという記事を読んだことがあります」と続けたが、これは大誤算だった。ピクリとも動かない。世の中に名を馳せる俳優といえども、平均年齢八十六の世界では無機物にも等しい存在のようだ。


この日は九月十五日だった。毎年この時期になると、中秋の日にちをお知らせする。太陽暦では旧暦の八月十五日がつかみにくいが、ここは巨大な中国人街と韓国人街を有するロスである。彼らにとっての中秋は旧正月に次ぐ民族の大祝典なのだ。知らず知らずの内に、中国人街の垂れ幕や韓国語放送のニュースなどを通して、その日が近づくのを感じることができる。

この引退者ホームは少し盛り上がった地形に位置する。そして、月の浮かぶ南の空を遮る建物は一つもないと来ている。十五夜の一部始終を堪能できる場所なのだ。みなさんもこの年中行事を心待ちにされる。

この日は『「サバを読む」の「サバ」の正体』の中から拝借した。日本では十五夜の前後にも月見をしたとある。平安時代からの習わしだと言う。

「前日十四日は待宵月。来るはずの人を待っている夜という意味の待宵から、翌日の名月を待っている宵の月というわけですね」

すると、緑川さんが率先した。

「いいわね。来るはずの人を待っている夜だって」

緑川さんは札幌のご出身で、快活な少女時代を過ごされたであろうことが一目で見て取れる方である。

「いやー。緑川さんはロマンチックですね」

と応じると、「あらま、そうかしら」と返ってきた。

続けて白板に〝**十六夜**〟と書いた。西さんの番だ。

「いざよい。良い響きですね」

すると緑川さんが、「何かゾクゾクするね」と続いた。

「十七日は月の出は遅れますが、立って待てることから」

と言って、白板に〝**立待月**〟と書いた。みなさんは大いに納得のご様子だ。そして「すぐにという意味の〝たちまち〟はここから来ているという説もあるそうです」

と告げると、みなさんは一斉にうなずいた。そこへ緑川さんの声が鳴り響いたのだ。

「立待岬というのがあったわね」

このとてつもない一言に、場内はあっけに取られた。立待岬は函館にあるのだとか。さすがは北海道のご出身である。

「十八日月はさらに遅れるため、座って待つ意の居待月だそうです。そして十九日が」

とまで続けたところで、橋水さんが割って入ってきた。

「座って待った次は寝て待つでしょう」

「えっ、さすがは年の功。良くご存じですね」

「そうじゃないのよ。当てずっぽうなのよ。立って待って座って待ったら、次は寝て待つになるじゃない」

と言って慌てふためきながらもケラケラと声を出して笑った。これで完璧なフィナーレとなった。

◎最後の晩餐

日本のこの頃の米事情を紐解くと、コシヒカリの一人勝ちである。全国のうるち米作付け面積の三六・一%がコシヒカリだという。これは平成二十七年度の統計だが、二位がひとめぼれで九・六%、三位がヒノヒカリで九・二%というのだから、まさにダントツの一位である。

この数字は愛読書『サライ』から拝借した。そしてそこに「注目の新品種」という項目があり、各地の新品種が紹介されたのだ。その一つが合鴨米だった。

「合鴨米の第一人者という人が紹介されています」

と始めると、みなさんは一斉に目を光らせた。合鴨米という響きが興味をそそったのだろう。まずは、〝**農業は脳業**〟と白板に書いた。

「合鴨農法の第一人者である古野隆雄さんは九州大学で農学博士号を取得された方で、『農業は脳業である』という本を書かれたそうです」

と伝えると、みなさんは「ホオー」と声を揃えた。

「七ヘクタールの田んぼに約千四百羽の合鴨を放すそうです。雑草や害虫を餌にします。すると、それを食った排泄物が稲の養分となるのです」

「ヘエー、スマート。肥料が要らないんだ」

と続いたのは杉井さんだった。

「そして、合鴨が泳ぐことで土壌を攪拌して養分の吸収を良くする」

とまで伝えたところで、村岡さんの登場だ。

「まさに、農業は脳業ですね」

さすがは大御所の村岡さんだ。うまい。みなさんの飛び切りの笑顔が広がった。

合鴨は生後一週間で田に放たれる。そして、六月中旬から八月まで水田で働くという。

「そして、十一月からは鴨肉として販売されるそうです」

と告げると、場内はニッコリ顔の満開だ。「一石二鳥も三鳥もだね」「これはいい」「ますますスマート」

という声が充満した。一段落したところで、村岡さんの再登場だ。

「最後の晩餐は合鴨米が良いですね」

と、つぶやかれたのである。それにしても物凄い記憶力だ。二〇〇九年六月の開講以来、休むことなく出席された村岡さんである。以前お持ちした「最後の晩餐」をしっかりと憶えていらっしゃるのだ。この方の記憶力には舌を巻かされてばかりである。

「じゃ、合鴨の串焼きをおかずに添えましょう」

言うまでもない。村岡さんは満面にふくよかな笑みを浮かべた。これで完璧な合鴨米談義となった。

「最後の晩餐」を説明しょう。これはまさに、死を目の前にして最後に何を食べたいかを意味するのである。この話題を数年前にお持ちしたのだった。平均年齢八十六の世界である。不躾な話題ではないかという思いもあったが、思い切ってぶつけてみた。

ところが蓋を開けてみると、不躾などとはかけ離れた空間となった。お一人お一人が、最後の晩餐を思いめぐらすのに大わらわとなったのだ。

加地さんは大好物の海老を、松島さんも大好物の蟹を上げた。鰻、焼肉という声も上がった。そんな中で村岡さんは、亡くなられたご主人の「最後の晩餐」を披露されたのだった。

「主人が亡くなる直前に、まぐろの刺身が食べたいと言ったのです。早速、サンディエゴまで車を走らせました」

ロスからサンディエゴまでは二時間半ほどである。

「獲れたばかりのまぐろを一匹ごと買ってきて主人に食べさせました」

場内はシーンと静まり返っている。

「主人の最後の望みが叶って良かったです」

「素晴らしいお話をありがとうございました。では、私の最後の晩餐です」

と言って、一呼吸入れた。

「私は、もやし炒めを食べて死ねたら本望です」

と声を大にしたものだから、場内はすったもんだの大騒ぎとなった。１８３cmの巨体の持ち主である。分厚いステーキに赤ワインとでも想像されたのだろう。そこへもやし炒めと来たのだから、みなさんがビックリ仰天したのも無理のないところである。そして続けた。

「私はもやしが大好物なんです。もやし炒め、もやしラーメン。ですけど、最後の晩餐がもやし炒めじゃ安いですね」

と告げると、みなさんはこらえ切れずに吹き出した。

◎米の新品種

米の新品種を続けよう。この頃は色々な県で新しい品種が生み出されているのだそうだ。まずは北海道の〝きたくりん〟から始めた。

「緑川さん、北海道にも米はあるのですか」

「あるわよ。おいしんだよ。特に旭川のはね」

そして、「でも、年に一回しかできないけどね」と真顔で続けた。気温が低いから年に一回しか獲れないという意味なのだ。すると、となりに座った杉井さんが「どこもそうじゃない」と続いた。

「日本ではふつう一回ですね。高知くらいでしょ、二期作というのは」

と言ってはみたが、これも確かではない。中学の社会科で教わったことの投げ売りだ。

「強い粘りと柔らかさがあり、あっさりして甘みを持っているそうで、イクラ丼などの丼物に向くそうです」

「おいしそうだね、イクラ丼。最高」

緑川さんはムード派でいらっしゃる。

「宮城県は〝東北194号〟。お茶漬けに向くそうです。茨城県は〝一番星〟。ふりかけに良く合うそうですよ」

と伝えると、加地さんがすぐに反応した。

「おいしいご飯を食べるのも大変ですね。ふりかけは一番星で、お茶漬けを食べたければ東北何号でしたっけ」

「194号。そして埼玉県の〝彩のきずな〟は粘りとキレのバランスが良く、漬物に最適だそうです」

すると、またまた加地さんだ。

「先生、ちょっと待って下さい。お茶漬けには漬物が付き物ですよ。じゃ、あれですか。東北何号でしたっけ」

「194号」

「そうそう。それでお茶漬けをいただきながら、口直しの漬物はその埼玉県の米にしなければならないですね」

言われてみるとその通りだ。ソーシャル・アワーはユーモア・センスの宝庫である。

次は、山口の〝あきまつり〟をお知らせした。バランスが良く万人受けし、コシヒカリよりあっさりした甘みを持つのだとか。すると山口県出身の佐藤さんが、不服そうな表情で口を開いた。

「そんなの食べたことありません」

「それはそうですよ。新しい品種ですからね」

佐藤さんは初めてのソーシャル・アワーで「大島出身です」と紹介された。周防大島である。そこに住む人は、みなが大島とだけ呼ぶのだろう。だが、日本には大島と呼ばれる島が少なくない。伊豆大島、奄美大島などである。

〝あきまつり〟は特にフグと蟹などの山口特産の海産物と良く合うとあった。ここまでくると、どうもこじつけに思えてくる。

宮崎の新品種は〝おてんとそだち〟だという。南国宮崎らしい命名である。

「これはカレーと相性が良いそうです」

と伝えたところ、橋水さんが乗り出すようにして「きょうはカレーだよ」と言い放った。今夜の献立がカレーなのだそうだ。だが、「じゃ、〝おてんとそだち〟があれば良いですね」と言ったことが問題となった。

「ご飯がいくら美味しくたって、ここのカレーは匂いがないですからね」

鬱憤を露にした緑川さんだ。そして、加地さんが加勢した。

「辛くもないんですよ」

「えっ。匂いもなく辛くもないカレーがあるんですか」

「あるんです。だから何でしたたっけ」

「おてんとそだち」

「おてんとそだちがあっても駄目なんです」

他のみなさんも首を縦に振って賛成の意を表した。


ここで終わると申し分のない幕切れとなるのだが、時計を見るとまだ十分ほど残っていた。そこで、用意したもう一つの話題へと移った。この「注目の新米」特集は、旨い米の紹介だけでは終わらないのである。旨い米を旨く炊くには優れた道具が要ると説くのだ。

日本を長く離れて感じる日本人の凄さは、〝とことん極める〟という心構えにあると思う。このことは米の調理器具にも如実に表れていた。炊飯器は南部鉄器の釜を使ったもの、米を躍らせて芯までムラなく加熱する〝おどり炊き〟を可能にしたものと豊富である。

「究極の米も炊飯器も揃いました。ですけど、問題は値段です。大体十二万円以上です。そして精米機が二万円ちょっと。米を新鮮に保存する保冷米びつが七万円弱」

と伝えると、橋水さんが一番乗りだ。

「なんだか頭がクラクラしてきたわ。もう贅沢は言いません。ここのカレーで我慢します」

その一言にみなさんは大いに納得され、一件落着となった。

◎TKG

イケメン、イクメン、デジカメなどの新しい言葉を引っ張り出してきては、この頃の日本語の体《てい》たらくぶりをこの場で何度か訴えた。訴えるとはいえ、「そんなバカな」と書くくらいしか成す術はないのだが。

それに輪をかけたようなのがＴＫＧだった。Central Intelligence AgencyをＣＩＡと呼び、Kentucky Fried ChickenをＫＦＣと呼ぶ。ＴＫＧとあると、アメリカの機関、あるいはアメリカの商品の略称であろうと思ってしまう。

これがTamago Kake Gohanの略だと知らされた時には、はらわたが煮えくり返る思いだった。〝玉子かけご飯という立派な日本語があるじゃないか。いい加減にしろ〟と啖呵を切ってはみたが、持って行く場が見当たらない。

日本の若者に告げたい。横文字を並べるのが鯔背《いなせ》だと思ってのＴＫＧなのだろうが、それは思惑ちがいである。田舎もん丸出しとしか映らない。

前置きが長くなった。華やかさには欠けるが、日本で生まれ育った人間であれば、だれもが親しんだ味がＴＫＧである。おっと。調子に乗りすぎました。白板に〝**TKG**〟と書いて説明した。

「この頃日本では、玉子かけご飯をこう呼ぶそうです」

と告げると、みなさんの表情が急変した。あきれ返ったご様子だ。そして、口をあんぐり開けたみなさんを代表するように、加地さんが憤りをぶつけた。

「そんなけしからんことがあって堪りますか」

玉子かけご飯を話題にしょうと思ったのは、いつもながらの愛読書『サライ』に載ったからだった。特集が組まれ、〝玉子かけご飯に魅せられた作家たち〟や〝プロの隠し技〟と称した東西の名店のひと工夫などが紹介された。

池波正太郎の逸話が興味深かった。引用しょう。池波正太郎が好んだのは赤穂浪士の玉子かけご飯だったという。

〈討ち入りの夜、堀場弥兵衛宅に集まった大石内蔵助らに出された食事についてこう記している。《堀部父子の妻たちは台所へ入り、腹ごしらえのための飯を炊きはじめていたが、そこへ細井広沢が生卵を持ってきたので、（中略）大鉢へ生卵をたっぷりと割り込み、味をつけたものの中へ、鴨肉ときざんだ葱を入れ。これを炊きたての飯を共に出した。》》

すると松島さんが、「鴨葱に玉子ですか。三拍子揃っておいしそう」と声を弾ませた。横浜出身の松島さんは、ソーシャル・アワーきっての食通でいらっしゃる。

ここで少し内幕をお知らせしょう。玉子かけご飯を題材にしょうと思いついたのは良いが、やはり華やかさに欠ける。落ちを見つけるのにちょっとばかり骨が折れたのだ。そして思い出したのが、数年前の米の話だった。

これも『サライ』を通じて練った話だった。琵琶湖の近くで育つ無農薬米の名が〝たかしま生きもの田んぼ米〟だというのである。この名前を逆手に取り、「この頃は子供にお使いを頼むのも一苦労ですね。〝たかしま生きもの田んぼ米〟買ってきておくれと言わなければなりません」と締めたのが大いに受けたのだった。これを引き継ぐことにした。

この頃の日本の商品名というのは大そう斬新である。その一方で、やたらと長い名称が多いことにも気が付く。この特集においてもそのことは顕著だった。卵が〝放し飼い卵エコッコ〟、醤油は〝たまごかけご飯にどうぞ！〟というのがあった。これらを白板に書き記して続けた。

「みなさん。おいしい玉子かけご飯を食べるコツは卵と醤油ですね。そして、おいしい玉子かけご飯には何と言ってもおいしいご飯です」

と言って、**〝たかしま生きもの田んぼ米〟**を白板に付け足した。

「みなさん、よろしいですか。子供にお使いを頼む場合、おいしい玉子かけご飯は三要素が大事だからね。卵は〝放し飼い卵エコッコ〟だよ。醤油は〝たまごかけご飯にどうぞ〟、そして何てったってご飯がおいしくなくちゃね。米は〝たかしま生きもの田んぼ米〟」

とまで言ったところで、みなさんの歓声に遮られた。みなさんは辺りかまわず笑い転げた。そして、少し間を置いてどなたかのかすれ声が聞こえた。

「おいしい物食べるのもたいへんですね」

最長老の村岡さんだった。

◎目からウロコ

この日は私事から始めた。このところ講演会に呼ばれて話す機会が続いたので、そのことをお知らせした。

「面白いことに気が付きました。講演会が終わると、どこでも反応が同じなのです。みなさんが目を大きく開いて〝目から鱗の連続でした〟と口を揃えられるのです」

すると一斉に、みなさんの安らかな笑顔が花開いた。

「特別なことを話すわけではありません。この場でお話しした漢字や和製漢語の話をするだけなんです」

と続けると、杉井さんが率先した。

「私もいつも目から鱗ですよ。すぐに忘れますけどね」

「この場では日常茶飯のことが、ソーシャル・アワー以外では目から鱗のようです。つまり外の世界から見ると、この場は知識人の集まりとなるのです」

加地さんが続いた。

「ちゃんと覚えていればの話ですけどね」

自嘲気味に言われたが、内心まんざらでもないご様子だ。他のみなさんも同じである。

まずは、世界最高齢一位と二位のお二人が玉子好きだという話から始めた。大川ミサヲさんが百十七歳で亡くなられた後に長寿一位と二位になったのが、アメリカのスザンナ・ジョーンズさんとイタリアのエマ・モラノさんである。共に百十五歳だが、二人とも卵を好まれるそうだ。ジョーンズさんは朝風呂の後、ベーコンとスクランブルエッグを食べるのが長寿の秘訣という。

「モラノさんは病気がちだった幼少期に医師から卵を勧められ、毎日二～三個の生卵を食べ続けて来たそうです」

と伝えると、森岡さんが首をひねりながら、「イタリアでは生卵をどのようにして食べるのでしょうね」と聞いた。前回、玉子かけご飯を話題にしたばかりである。

「日本だと玉子かけご飯ですけど、イタリアではそうは行きません。あ、そうだ。生卵かけスパゲティーとか」

という言葉が咄嗟に出た。これが大いに受けた。そして森岡さんが、「だけど、毎日二～三個だと朝昼晩だわ」と続いた。この生卵談義が後で功を奏することとなる。

次のトピックは「キムチの誕生」にした。これは数年前に話題にしたが、その当時から残っている方は村岡さん、加地さん、西さんだけとなった。亡くなられたり、介護施設へと移られた方がおられるからだ。キムチの話を始めたが、幸いにもご三方はそのことを憶えていらっしゃらない。何しろ数年前の話である。

「以前、〝キムチの誕生〟という話をしました」

と始めたが、「そんなことありましたっけ」という反応が戻って来た。加地さんだ。自家製キムチの作り方をお知らせし、唐辛子の旧大陸へのデビューの話を続けた。〝新天地で見つかったトマトと唐辛子は、それまでのヨーロッパ料理のコンセプトを根底からひっくり返す役割を果たすこととなった〟を説明すると、森岡さんの声が響いた。

「トマトがなけりゃケチャップもありませんね」

「そうです。そして、ジャガイモも新大陸からです」

「フレンチフライも駄目だ」

このように考えると、コロンブスの新大陸発見によってもたらされたジャガイモ、とうもろこし、トマト、唐辛子などは、ヨーロッパの食卓を根底からひっくり返すほどの大事件だったことになる。

「トマトと唐辛子なしではイタリア料理は成り立ちません」

すると、杉井さんがすぐに応じた。

「本当だ。トマトなしじゃ、スパゲティーできません」

と言われたところで閃いた。

「あ、そうか。生卵かけスパゲティーだったんだ」

その一言にみなさんは目を側《そば》めたが、そこにお一人、大いに納得された方がいた。緑川さんだ。

「そうか。そこへ持ってきたか」

と、落語の落ちを味わうような声を上げた。そして「やっぱり、朝昼晩生卵スパゲティーだったんだ」と続いた。緑川さんは入居されてまだ日が浅く、ソーシャル・アワーに来られるようになってから四・五回目である。それ以来、目から鱗の連続だったそうである。

一つ付け加えて終わりにしょう。新大陸発見でもたらされた煙草も、唐辛子と同じように、秀吉の朝鮮征伐の時に朝鮮半島へともたらされたそうである。食べ物や嗜好品の推移を通して歴史を見ると面白い。

◎おでんの変遷

ソーシャルアワーのメーンテーマは日本語である。日本語を語る場合、古くからのしきたり、時節の移ろい、食べ物などを欠かすことはできない。食べ物の話は折に触れて登場する。先日、おでんを話題にした。

「きょうは、おでんの話をしましょう」

と始めると、みなさんは一斉に笑顔を浮かべ、「おでん、いいわね」と声を一つにした。

まずは語源である。おでんのルーツは豆腐田楽だということをお伝えすると、西さんが一番乗りだ。

「そうそう。その女房言葉がおでんでしたね」

豆腐田楽は時を経て、昆布だしで煮たこんにゃくを甘味噌をかけて食すおでんが人気を得たという。これは江戸時代、商都大阪での話である。一方江戸では、鰹節の出汁と醤油、砂糖、みりんを入れた甘辛い汁で煮込むおでんが主流になったという。

「このようにして別々の道を歩んだ関東と関西のおでんですが、大きな転機がやってきます」

と言ってひと息入れると、みなさんは息を凝らした。

「大正十二年、関東大震災です」

と伝えたが、皆さんは意に介しないという表情だ。

「震災で職を失った料理人が大挙大阪へ移ったのですね。そして、関東のおでんを始めたのです」

と続けると、村岡さんから「それで関東煮なのですね」という声が放たれた。正にその通りである。

村岡さんの鋭さには脱帽だ。私の生まれた広島でも関東煮きだった。西日本の広い地域でそのように呼ばれたのだろう。

今は、〝東京は練り物、関西は鯨が定番〟だそうだ。これは『サライ』のおでん特集からの引用だが、鯨が突拍子もなかったのか、みなさんは一斉に目を丸くした。

そして、「大阪では、鯨のさえずりがおでんのネタだそうです」と続けたのが良くなかった。今度はみなさんを迷路へいざなったようだ。口をポカーンと開けて閉じることをしない。

「大阪でさえずりというと、鯨の舌のことだそうです」

と続けると、ついに痺れを切らした模様だ。加地さんが「本当の話ですか」を二度繰り返した。

鯨の舌を乾燥させて作ったさえずりは、出汁を取ったり、ネタとしても好まれるという。食べる際にクチャクチャと音がし、鳥のさえずりに似ていることからの命名だそうだ。

一方の東京は、はんぺん、さつま揚げなどの練り物が主体である。そのことを告げると、「雁もどきもありました」という声が聞こえた。鎌倉出身の杉井さんだ。そして、「それは雁に似せて作ったからです」と続いた。

そうしたところ、今度は村岡さんの番だ。待ってましたとばかりに「こちらでも、おでんもどきが出ます」と言い放ったのだ。すると、もういけない。日頃の鬱憤を晴らすかのように、みなさんは我を忘れて拍手喝采だ。

日に三食賄われる食事は和食が多いという。時々、おでんが登場するのだろう。だが、経費のことを考えると和食専門の料理人というわけには行かない。つまりは、おでんもどきでお茶を濁すことになるのだとか。

そろそろ店締いだ。締めくくりは〝おでんしゃ〟にした。愛知県の豊橋にある冬季限定のおでん電車の話である。四・八キロの区間を一時間二十分をかけて往復するという。

「一人前のおでんと弁当にカップ酒、そして」

そこで深く息を吸い、一気に言い放った。

「なんと生ビールが飲み放題です」

「おおー」

雄たけびにも似た大歓声だ。

「ビール飲み放題だからといっても心配は無用です。一時間二十分の内に三十分のトイレ休憩が含まれてますから」

今度は「ＯＫ！」「Ｇｏｏｄ！」という声が行き交った。日系引退者ホームとはいえ、ここはアメリカである。

「このおでん車、料金が三千五百円だそうです。いかがですか。高いですか。安いですか」

「安いわね」

香川さんだ。そして、「だって、飲み放題だからね」と続いた。

「そうですよね。トイレ休憩も充実していますし」

と言って、幕を下ろした。

◎何故に八丁堀？

前回、〝東京は練り物、関西は鯨が定番〟という日本のおでん事情を書いた。日本の食を語る上で東京と大阪では少なくない違いがある。昆布出汁のうどんで育った私は、東京の黒いつゆには閉口した。お好み焼きを好物にしたせいか、もんじゃ焼きに馴染むこともなかった。

だが、名古屋も負けてはいない。うなぎは丼やお重ではなく、櫃《ひつ》にまぶして食すとか。豚カツはトンカツソースではなく味噌だれが相場だという。おでんも味噌が味の決め手だそうだ。ということで、「おでんの変遷」のしんがりは名古屋に受け持ってもらおう。

「名古屋のおでんの特徴は味噌らしいです。味噌に醤油やザラメなどを入れてつゆを作り、タネは六種類。大根、こんにゃく、玉子、豆腐、里芋、牛すじだけ」

と伝えると、まずは杉井さんだ。

「いいですね。身体にやさしそうな物ばかりです」

「そうです。おでんの王道が全部入った感じですね。なお、名古屋の味噌というと八丁味噌だそうです。では質問です。何故に八丁味噌と呼ぶのでしょう」

これは難問だ。みなさんは口をふさいだままだ。

「八丁村で生まれたからなんですね」

日本語の由来を追うと、不思議な命名が多いことに気付く。由緒ありそうな名称だが、八丁村で生まれたからという第一次産業的な命名というのが面白い。

「では、質問その二です。八丁の意味は」

一番乗りは橋水さんだった。

「八丁堀だったら中央区にありました」

「いいえ、橋水さん。どこにではなく、八丁堀の意味です」

と伝えると、「そんなことまで知らないわよ」と来た。ごもっともな話だ。素っ気なく突き放されてしまった。

「八丁村」の語源である。岡崎城から西へ八町離れたところにあったからだという。そのことを伝えると、肩の荷が下りたという様子の橋水さんが、「そういえば、八丁堀は江戸城からちょうど八町位だわ」と自信満々に言い放ったのだ。これはチャンスだ。

「ヘエー。橋水さんの頃は一町二町と測ってましたか」

と突っ込んだところ、橋水さんは我を忘れた。大柄の身体を奮い立たせて大いに笑い飛ばした。

話を前回へと巻き戻そう。鯨のさえずりを話題にしたところ、村岡さんがすぐに、「オバケがありました。おいしかったです」と反応したのだ。女学生時代を過ごされた岩国を思い出されたのだろう。

「村岡さん、それはオバイケと言うのです」

戦前にアメリカへ戻って来られた村岡さんである。言葉の記憶が薄らいでいるだろうと思い指摘したのだったが、後で化けの皮がはがれることとなる。

「鯨のある部位の刺身なのです。白くてペラペラしていて、酢味噌で食べます。これが旨いんです」

と説明したが、今の今食べ干したばかりという面持ちの村岡さん以外はみなさんがお手上げ状態だ。だが、それ以上の説明も思い浮かばない。次の週までに調べると約束してその場を凌いだ。

次の週の二日前である。口約束を守るべくウィキペディアへと入り「おばいけ」と打ち込んだのだ。すると何たることだ。〝尾羽毛〟とあるではないか。これを目にした時には申し訳なさが全身を覆った。村岡さんが言われた「オバケ」そのものなのだ。

尾羽毛のルーツは萩方面だという。これを見て納得だ。岩国や広島が面した瀬戸内海には鯨は入ってこない。日本海に面した萩であればこそである。

ウィキペディアによると〝おばいけ（尾羽毛）とは、鯨の肉の中で最も美味しいとされる身と尾の間の部分の肉を指す〟とあり、関東では「さらし鯨」なるものがあるという。〝塩漬の尾羽毛を薄く切って熱湯をかけ、冷水でさらしたものを「さらし鯨」という〟とあった。

東京は高円寺出身の西さんが代表した。

「さらし鯨という食材を見たことありません」

するると、鎌倉出身の杉井さんが「聞いたことも食べたこともありません」と続いた。他の方も右に倣えである。

「百聞は一見にしかず」と言う。食料品売り場へでも出向きその物を購入してお見せすれば一件落着だろうが、ここはアメリカである。それは叶わない。

◎柿喰えば鐘が鳴るなり東大寺

それはある晩秋の午後だった。日本だと柿の季節である。まずは白板に〝**柿喰へば鐘が鳴るなり東大寺**〟と書き、「有名な俳句ですね。これはどなたの句でしたか」と聞いた。だが、みなさんは口ごもったままである。口を開けるのを躊躇していらっしゃるようでもあった。

そこへ西さんが、「夏目漱石の友達の。あれっ、名前が出てこないわね。若くして亡くなった人」と呟き込むようにして続いた。

「『坂の上の雲』の」

と助け舟を出したところ、「そう。主役の友達としてね」と言ったまま喉元に手をやり、「ここまで出てきてんのに」と無念の表情を浮かべていらっしゃる。

「はい。正岡子規ですね」

「そう、そうなのよ。だめよね。この頃は思い出せないんだもの。だけど先生、東大寺ではなく法隆寺ですよ」

と言われたところで、みなさんの戸惑いも晴れた様子だ。

「そうですね。ですけど、正岡子規が初めてこの句を詠んだ時には東大寺だったそうです」

奈良を旅した折、東大寺の近くに宿をとったという。鹿で有名な奈良公園の近くだったろう。ざるに盛られた御所柿に舌鼓を打った。

「その時、東大寺の鐘が鳴ったのです。ゴーン」

少しばかり間を置いた。

「そこで閃いたのです。柿喰へば鐘が鳴るなり東大寺。ところが推敲を重ねる内に気づきます。どうもうまくないと。東大寺を法隆寺に置き換えて世に出したのです」

と告げると、村岡さんが「へえ。それにしても、先生は良く色んなことをご存知ですね」と首をひねった。

「いえいえ、雑誌や本を通して面白いと思ったことをお伝えしているだけです。それにしてもあれです。東大寺よりも法隆寺のほうが響きも字格好も断然いいですよね」

次の話題へ移った。まずは白板に〝らくし舎〟と書き、「この〝らくし〟の漢字は」と聞いた。

「・・・・・」

柿がヒントなのだが、みなさんはかすりもしないという表情だ。そこでその横に〝落柿〟を書き添えたところ、みなさんは「ホオー」と声を一つにした。続けた。

おううん橋

「橋の名です。長野県にあります」

「かすりもしません。降参」

そこで〝おううん〟を消し〝**桜雲**〟を書き入れたところ、みなさんの顔が一斉にほころぶのを見た。漢字というのは優れものである。音読みの漢字語は耳にしただけでは言葉の意味がつかみにくい。コウショウやシコウという音を持つ漢字語は二十も三十もあることは、事あるごとにお知らせしている。

雲のように咲き誇る桜の中を橋が架かっているのだろう。満開に咲き誇る桜雲の中に吸い込まれていく様がありありと思い浮かぶ。

「では、最後です。これは京都の高台寺にあります」

こげつ庵

「虎と月」

「それもありですね、加地さん。ですがここでは」

湖月庵

漢字で現れると、情景が自ずと見えてくる。

落柿舎とあると、どこかの寺の庭先にたたずむ柿の木が思い浮かぶ。葉っぱを全てふるい落とした木には、黄金色に熟した柿だけがたわわにぶら下がっている。

「季節は当然、冬を前にしたところでしょうか。タートルネックのセーターが似合いそうですね」

とまで話したところへ、村岡さんが割り込んできた。

「先生。だったらアベックじゃないといけませんね」

「ほー。大正ロマンの世界ですね。湖月庵もいいですね。池に映る中秋の名月が思い浮かびます。水面に映った十五夜の月が、さざ波にゆれてきらきら光り輝いています。ススキも目に浮かぶようです」

「先生。おはぎを忘れちゃ困りますよ」

漢字の持つ力をお知らせしようとした。らくし舎、おううん橋、こげつ庵と耳にしても心打たれることはないし、その意味を思い浮かべることさえもできない。だが、落柿舎、桜雲橋、湖月庵と目に入ってくると様相は一変する。漢字には、色を、音を、そして情を思い浮かばせる力がある。

第三章　糸し糸しと言う心

◎雨雨ふれふれ

当地に『オーロラ日本語スピーチコンテスト全米大会』という催しがある。すでに十回ほど回を重ねたこの催しだが、「米国高校生による」という前置きが付いている。

その催しに出向いたのは二〇一一年の六月だった。出場者十四人全員が、高校入学後に日本語を習い始めたという。白人が六人、そしてどういうわけか韓国系が六人、そして中国系とハワイ生まれの日系四世が各一名という布陣だったが、彼らの日本語の流暢には舌を巻いた。

各自に与えられた四分ほどの時間を、メモ用紙を見ることもなく話し続けるのである。そのことだけでも称賛に値するが、より驚かされたのは、スピーチの後に審査員との質疑応答が用意されていたことだった。日本語で聞かれた審査員の問いに日本語で答えるのである。

「僕と日本語の出会い」というタイトルで話した韓国系の少年は、ニュージャージー州出身で、生まれつき皮膚の弱い子だったという。その皮膚病には日本の温泉が効果抜群だと聞いた両親は、息子のために日本での温泉治療を計画した。一週間の予定で箱根に投宿し、起きては湯に浸かり、食事をしては湯に浸かったという。

その甲斐あって、この高校生の言葉を借りると、「三日間で完璧に治りました」ということだった。一週間の予定が三日で終ったのである。この少年と両親は、残った日程を東京見物としゃれ込んだ。母親は銀座でショッピング、そして本人は秋葉原にどっぷり浸かったという。

そのことをソーシャル・アワーで紹介した。

「家族三人で築地の鮨屋へと出向いたようです。その時の寿司の味を次のように表現しました。〝ちょうどソフト・クリームのようでした〟と」

「面白い表現ですね」

と反応したのは、感心しきりの西さんだった。

「たぶん、とろけるような味だったと伝えたかったのでしょう。高校生にとっての〝とろける〟はソフトクリームなんでしょうね。気の利いたユニークな表現だと感じました」

と伝えると、みなさんも大きくうなづいていらっしゃる。


イリノイ州代表は韓国からの移民家族の娘として生まれた。家での会話は全て韓国語だったそうだ。つまり、小学校へ行くようになってからも英語がまるっきりできなかったと言った。

「学校が面白くありません。休みがちになりました。そんなある日、この子のおじいさんが日本の歌を聞かせてくれたのです」

と言って、〝雨〟と白板に書いた。

「雨雨ふれふれ母さんが　蛇の目でお迎えうれしいな」

「ありがとうございます、河村さん。まさにそれです」

この子はこの歌に惹かれた。いつも愛唱し、学芸会でも披露したという。それがこの子の転機となった。学校の友達に大いに受け、一躍人気者になったのだそうだ。自信が生まれ、学校での成績も上がった。それをきっかけに日本語をもっと勉強しようと思ったのだという。日本の統治時代に覚えた「雨雨ふれふれ」を口ずさんだことが、孫娘の自信につながったのだ。

話を少し巻き戻そう。このスピーチ・コンテストにはパンフレットが用意されてあった。各自の話す論題の要旨が日本語と英語で印刷されていたのだ。

「この子のには〝雨雨ふれふれ〟とありました。それを見たとき、すぐにメロディーが思い浮かんだのです」

と言って深く息を吸い、そして高らかに歌った。

〝雨雨　ふれふれ　もっとふれ
あなたのいい人連れて来い〟

思いもよらなかったのだろう。みなさんは、どのような反応を施して良いのか分からないという様子だった。だが、おかしさを隠すことはしなかった。あっけらかんの笑い声が場内に満ち溢れた。

「八代亜紀の歌でしたね」

平生を装った辻元さんのひと言だった。それを聞きながら、さあ、そろそろ終わりにしようと思ったときである。咄嗟に、「これが私の懺悔の告白でした」という言葉が口から漏れたのだった。

◎日本語スピーチコンテスト　その2

前回の続きを書こう。次も韓国系の高校生である。オレゴン州からのこの女子高校生は、右耳がよく聞こえないというハンディーキャップを持って生まれた。自然の成り行きだったのだろう。この子は本を友とした。

ヘレンケラーの本を通してその偉業を知り、大いに感動したと言った。その時にヘレンケラーを見習いたいと思ったのだそうだ。小学校の時に英語、中学生になってからは中国語、そして高校では日本語を勉強したという。

「ボランティアとして、障害のある子供たちを教えているとも言ってました」

この大会では四分ほどのスピーチの後に審査員との質疑応答が待っていると前回書いた。この子には「障害を持つ子供を教えることとなったきっかけは」という質問が投じられた。

「この子の答えが冴えていました。〝私を鏡で見ているように思ったからです〟と答えたのです」と伝えると、興味深そうに耳を傾けていたみなさんの顔が一斉に驚きの表情に変わった。そして、「日本人と変わらないですね」という声が続いた。加地さんだ。いや、この頃の子はこのような表現ができないかも知れない。

十四人の参加者のうちで最もユニークだったのは、テキサスから来た白人の男子高校生だった。スピーチの題が、なんと「侍言葉」である。〝拙者、かたじけない、けしからん、面目ない、さらばじゃ〟などという侍言葉を散りばめながら聴衆を魅了したこの高校生は、『七人の侍』の信奉者であると言った。

審査員からの「日本に侍がいるように西洋にはナイトがいます。その違いを説明してください」という問いにもすぐさま日本語で答えた。これがまた聴衆を唸らせたのである。

「〝ナイトはお金のために戦います。侍は忠のために戦います〟と言ったのです。日本語でですよ」

これにはさすがに降参してしまった。みなさんも右に倣えである。さすがに仰天された様子だ。

「では、最後の一人です。今回の大会で優勝した女子高生ですが、この子も韓国系です。〝日本語と韓国語の敬語について〟というタイトルでした」

日本語を勉強したこの女子高生は、『冬のソナタ』を日本語と韓国語の両方を通して見たという。そのことにより、日本語と韓国語の間には敬語の使い方に違いがあるということに気が付いたのだった。

「日本語では〝父も母も不在です〟と言うところを、韓国では〝お父様もお母様も不在でいらっしゃいます〟と言うと言ったのです」

と伝えると、すぐに辻元さんが反応した。

「それはおかしい。身内のことを下げなくちゃ」

「そうなんです。日本には自分や自分側の動作をへりくだって言う謙譲語というのがありますが、韓国では自分よりも年上であると全て尊敬語の対象になるのです」

すると今度は、加地さんが引き継いだ。

「うーん、それはおかしいわね。自分の側を下げなきゃ」

この子は、もう一つ例を上げた。日本に住む従姉妹《いとこ》の失敗談である。その従姉妹も韓国生まれの子だと言った。「田辺社長、お願いします」という電話に応じて、「私どもの社長様は、ただいま外出されていらっしゃいます」と答えたという。それで、赤っ恥をかいたということだった。

そのことを伝えると、またまた辻元さんのお出ましだ。

「それはおかしい。普通、〝田辺は外出中です〟ですよ」

いくら大会社の社長であれ、会長であれ、よそ様に対して「私どもの社長様とか会長様」などということは日本語ではあり得ない。

『冬のソナタ』を通して日本語と韓国語の敬語の違いを知ることとなった。アメリカの高校でたまたま履修した日本語を通して、日本語と韓国語の違いに気付いたということが爽やかな驚きとして心に残った。

十四人の出場した全国大会だったが、地方予選に出場した高校生の数はその数倍にも上るはずである。若きアメリカ人が日本語に親しんでくれることがありがたい。そしてこのような地道な流れが大きくなり、国と国との理解に役立ってくれることを望みたい。

◎情袋

「私には、前から好きだった言葉が一つあるんです。日本で使われているものではなく、ある日系人の方から教わったものです」

情袋

「読みは、じょうぶくろです」

「ドネーションですか」

一番に口を開いたのは村岡さんだった。

「情の入ったということで、寄付をするお金を包む袋ですか。いいとこ突いてますけど、残念です。情袋は情の入った袋で、手紙のことです」

「そうですか、手紙ですか。情緒のある良い言葉ですね」

これは、アメリカへ来て数年経った頃に、ある帰米二世の方から教わった言葉である。当時は帰米二世の何たるかを知らない時だった。日本語の流暢な日系人くらいとしか認識していなかったのだ。じょうぶくろという響きと情袋という字格好が好きで、ずっと頭の中に残っていたのである。村岡さんが続いた。

「これは日本語ですか」

「日本語は日本語なのですが、日本では使われないですね。昔の日系社会で使われていたようです」

国語辞典を開いたが、情袋は載っていない。

「ここで一つクイズです。手紙という言葉は、中国では何を意味するでしょうか」

「日本語と同じで手紙」

「加地さん。もしそうだったら聞いてません」

「そうですよね」

「だいぶ前の話ですけど、中国人の知り合いに、日本語ではletterのことを手紙と言うんだと言って〝手紙〟と書いて見せたことがあります。すると、〝雰囲気は出ているけど、どちらかと言うとトイレ用の紙のように見えるね〟と言われました」

と言って白板に〝**便紙**〟と書いた。

「これを友人に見せたところ、〝これはまるっきりトイレの紙になるね〟と言われました」

手紙のことを韓国では便紙という。ハングルで表すと편지《ピョンジ》である。たぶん和製漢語の「郵便」が韓国語の語彙に仲間入りして以降、手紙のことを便紙と呼ぶようになったのだろう。

なお、その友人に中国ではletterをなんと呼ぶのかと聞いたところ、「信」だと言った。漢字一文字であることに少し戸惑ったが、思いを巡らせてみると、書信、通信、電信、交信のような「たより」を意味する和製漢語には一様に漢字の「信」が用いられている。

このようなことをお伝えし情袋を無事終えたが、時計を見ると少しばかり時間があった。そこで「面目」の話を追加した。にわか作りである。

面目

「日本語は面白いですね。面と目で面目、その前に〝真〟が付いて真面目。そして、その省略語が〝マジで〟になるから不思議です」

「そうですよ。何から何まで〝マジで〟だから貧相ですよ、この頃は」

と続いたのは、やっと鬱憤を晴らすことができたという表情の朝川さんだった。

「ありがとうございます。私の説に賛同していただき」

「そうじゃないのよ。思いもしなかったことを先生が毎週教えて下さるから、うれしくなるんですよ」

「これはこれは。またまた、ありがとうございます」

このようにしてソーシャル・アワーも無事に終えたが、そこには突拍子もない話が待ち構えていた。西さんだった。

「先日、面白い話を読みました。日本での漢字のテストの話です。その一つに、四字熟語の漢字を充てるというのがありました。四つの漢字の内、二つほどを虫喰いのように四角の空白が置かれてます。そこに正しい漢字を入れなさいという問題なのです」

突然だったので、その真意をつかむのに時間を要した。その表情が伝わったのだろう。西さんは急《せ》かされるように続いた。

「正解は弱肉強食なんですけどね。解答の中には焼肉定食と答えた人がいたという笑うに笑えない日本の漢字事情なんです」

「お待ちください。ちょっと白板に書いて見ます。答えは弱肉強食なんですね。そこに虫喰いがある」

「そうです。〝虫喰い〟肉〝虫喰い〟食というように」

「ああ、分かりました」

□肉□食

「そうです、そうです。その問いに焼肉定食と答えた学生がたくさんいたらしいんです。笑っちゃいましたよ」

他のみなさんも腹を抱えていらっしゃる。

「面白いですね。日本の将来が憂慮されるというところでしょうか」

と言って幕を閉じた。しかしである。これを書く段になって思うのだ。焼肉定食が果たして不正解と言えるのだろうかと。

◎「美」の字解

一月六日は新しい年の初ソーシャル・アワーだった。二〇一五年は言わずと知れた未年である。新年の挨拶を交わした後で、すぐに未年の話へと移った。

「今年は未年です。この中に」

と言ってテーブルのぐるりを見回したが、どなたからも手が上がらない。村岡さんは控えめでいらっしゃる。

「村岡さんが未年でしたね」

と促すと、やっと恥らいの仕草と共に笑顔を浮かべられた。大正八年の未年生まれでいらっしゃる。

「九十六ですね」

と聞くと、村岡さんの隣に座った西さんが横槍を入れた。

「誕生日までは九十五歳ですよ」と。

五月に九十六歳になられるのだ。村岡さんのことを少し紹介しよう。ソーシャル・アワーが始まった二〇〇九年六月の初回から出席される方なのだ。サクラメントに生まれ、幼少時代を岩国で過ごされた帰米二世である。

まずは白板に〝羊〟と書き、「羊を含む漢字は良い意味を持つのが多いのです」と言って書き足した。

洋　祥　詳　鮮

すると、「本当だね」「面白いね」という声のオンパレードだ。そこでもう一文字、〝美〟を付け加えた。

「羊が大きくなると、美しくなるのですね」

と続けると、すぐに西さんからの反応があった。

「まるで村岡さんのことをおっしゃってるようですね。干支の九十五歳を、歩行器も使われずに迎える方はそう多くないでしょうから」

「杖さえも用いられません。まさに美しき未年ですね」


次の話題へと移った。紅白のことである。

「紅白ご覧なりましたか。いかがでしたか」

と聞くと、村岡さんが率先した。

「面白かったです」

まるで、クラスの代表が担任の先生に報告するような調子だ。そして、「今回は、ゆっくりと見ることができました」と続いた。

「えっ。これまではゆっくりじゃなかったのですか」

「はい。いつも娘の家で見るのですけど、去年までは、正月の準備でゆっくり見ることができなかったのです」

「じゃ九十六歳の未年を持って、やっとお役御免ですね」

と伝えると、羊毛のようなフワッとした笑顔が返ってきた。そこで漢字の話へと矛先を変えた。

「紅白の〝紅〟は何故にコウと読むのでしょうか」

と切り出したところ、「音がコウだからでしょ」というつれない答えが戻ってきた。ソーシャル・アワー開講当時からのメンバーでいらっしゃる西さんだ。

だが、ほとんどの方はチンプンカンプンという表情だ。まずは白板に〝工〟と書いた。

「コウ」

初参加の森岡さんだ。続けて〝江 攻 功 貢〟と書いたところ、みなさんが「コウ、コウ、コウ」と声を揃えた。初参加の方々からは「ホオー」という声が一斉に上がった。ところがである。開講以来の大御所である村岡さんまでが「ホオー。知りませんでした」と来たのだ。

「えっ、村岡さん。今まで何度もやりましたけど」

「そうでしたね。ですけど、すぐに忘れるんです」

と、頭をかきかきつぶやいたのだ。チャンス到来だ。

「ご心配なく、村岡さん。どんどん忘れてください。おかげで私は助かってます。同じ事を何度お話しても、ヘエー、ホオーと喜んでいただけるのですから」と告げると、今度は小躍りするようにキャッキャッと声を上げた。他のみなさんの顔にも笑みがほとばしった。このタイミングを逃す手はない。

肛門

と大書したものだから、場内は一気に盛り上がった。さながら修学旅行へ向う女学生専用列車の様相だ。「肛」は勿論コウである。下衆な落ちとなったが、初ソーシャル・アワーも大盛況のうちに幕を閉じた。

◎糸し糸しと言う心

拙著『そうだったのか！ ニッポン語ふかぼり読本』に「窓の字解」と題し、窓は「悤」を音符とする形声文字だと書いた。窓、総、聡の音読みはみな「ソウ」である。このように、各々の文字の音を知らせてくれる形声文字が漢字の八割を占めるということは度あるごとに書き記した。

国語辞典にある解釈を借用しょう。〝意味を表す部分、音を表す部分の二つを組み合わせてある語に当てる方法。また、その文字。たとえば、「銅」は「金」が金属の意。「同」が音を表す〟と。

「洞、銅、胴はみな、同を音符とします。そして、さんずい、金偏、肉づきが意符ですけど、意味というよりも領域を知らせてくれます」

みなさんは真剣な面持ちで聞き入っている。多くの日本人がそうであるように、生まれて初めて耳にする解釈であるに違いない。

「それにしても、漢字というのは便利ですよね」

と言って白板に〝証　認　誤　誌　語〟と書いた。

「みな言偏です。つまり、言葉や話しかける動作に関する漢字だということが一目で分かります。そしてそれぞれの音読みは、その音符に従えば良いのですね」

すると辻元さんが、「ヘエー、これは新発見だわ」と言って「正、忍、呉、志、吾」と音符を読まれた。

木偏は言うまでもなく木に関係する領域である。〝枝　板　枯　格　校　株　棟〟の音読みは、音符の支、反、古、各、交、朱、東を読んどけば間違いはない。

このように説明を続けたところで、西さんが待ったをかけた。そして、釈然としないという調子で続いた。

「たいへん説得力があるんですけど、私は表意文字ということを捨てきれません。何と言っても、漢字を見るとすぐに意味が思い浮かびますもの」

無理もない話だ。生まれた時から漢字は表意文字であると教わり、固く信じて来られたわけだから。

「もう少し説明を加えましょう。他のみなさんも半信半疑といった表情をしていらっしゃるので」

清　晴　請　情　精　静　錆

「どの漢字も青が含まれていますが、意味の上ではどれも青いとは結びつきがありません」

すると西さんが、「でも先生、青い空で晴れになりますよ」と笑顔を浮かべて口を挟んだ。そして続けた。

「すみません。今のはただのこじつけです。先生のおっしゃる通りです。青いと争うで静か、青いとはなにも関係ありません。よく分かりました」

「錆にしても、錆は青くないですよね」

「普通、こげ茶でしょうね」

「ところで錆です。以前、ある焼酎の広告に〝あとには錆色が残った〟といったフレーズがありハッとしたことがあります。錆には汚れたものという感じがありますが、錆にある青が妙に光っていて、透き通った感じを受けたことを覚えています」

すると西さんが、「本当にそうですね。やっぱり、青い意味なんですよ」と言ってウィンクを施した。軽い冗談だという意思表示である。

何故に〝漢字を見るとすぐに意味が思い浮かぶ〟のかを探ってみよう。「水」という中国（外国）の文字が入って来た。中国音はｓｕｉである。それを「スイ」として取り入れると同時に、「みず」という日本語を充てることもした。これは大そう変なことである。Water という英単語を「みず」と読むようなことなのだ。

だが、このヘンテコリンな行為が大いに功を奏したのである。国語辞典の助けを借りよう。訓読みは〝漢字をその字の意味にあたる日本語で読むこと〟とある。白板にある〝清　晴　請　精　静　錆〟を指して説明を加えた。

「我々は漢字を習い始めた小学生の時から、漢字と訓読みをセットにして脳というコンピューターに入力し続けたのです。清い、晴れ、請う、精しい、静か、錆びというように。つまり、漢字を見るとすぐにその意味が思い浮かぶのです」

そうしたところ、深い霧の中からやっと抜け出したという表情の西さんが反応した。

「なるほど。目からウロコもウロコです」

「では、例外をお伝えして終わりにします」

白板に〝鉄〟と書いて説明した。形声文字の決まりからすると、「テツ」とは読めない。「シツ」になるはずだ。このことを伝えると、すぐに村岡さんが続いた。

「昔の鉄は、もっと難しい字を書いてました」

鐵

「昔はこうでした。だからテツと読めたのです」

古い漢字をご存知だからみなさんの飲み込みも早い。白板に〝独〟と書いて続けた。

「すると、チュウになりますね」

「そうです、辻元さん。締まりがないですよね」

〝獨〟を書き添えると、みなさんは大いに納得された。

「では、もう一つ。恋も同じですね」

戀

「昔はこのように書きました。だからレンと読めるのです。痙攣の攣もそうですね」

と言って幕を下ろしたところで、異議が唱えられた。

「先生、戀は形声文字ではないですよ」

と遮ったのは、含み笑いを浮かべた西さんだった。なにか企んでいらっしゃる様子だ。

「それはですね。糸し糸しと言う心で恋なんです」

なるほど。さすがは西さんだ。ただ、初めて聞く解釈だったので直ぐには対応できなかった。一呼吸置いて盛り返した。

「そうなんですか。私は戦後教育を受けたものですから、どうもいにしえの漢字解釈には疎《うと》いんです」

みなさんの明るい笑い声がホール内に満ち溢れた。

◎フーテンの寅

何故だったかは思い出せないが、この日はフーテンの寅さんのことが話題になった。

「みなさん、フーテンの寅さんご存知ですか」

と聞くと、みなさんが軽い笑みを浮かべた。よくご存知のようだ。口々に「良く見たわね」「面白かったね」とささやきあっていらっしゃる。

ほとんどのみなさんは、フーテンの寅さんが生まれる前に日本を離れたはずである。ところが良くご覧になったという。戦前にアメリカに戻って来られた帰米の方々も「良く見ましたよ」と口を揃えた。つまり、当地ロサンゼルスにおいて『男はつらいよ』シリーズをご覧になったのである。という私も、『男はつらいよ』シリーズを欠かすことはなかった。

アメリカの土を初めて踏んだ七十五年当時、日本は時間差十六時間の遠い遠い存在だった。現代のような、マウスをクリックすると日本の情報が瞬時に現れるという魔法のような時代ではなかったのだ。日本語テレビ放送はあるにはあったが、虫食いのように週に数時間の時間帯を確保して放送されるものだった。日本の新聞や雑誌類も高嶺の花だった。

　そのような時代である。日系人の密集して住む地域には日本の映画館があり、オアシスのような憩いを日系社会に与えてくれたのだ。

　日本にいるときには見向きもしなかった『フーテンの寅さん』ではあったが、この地に着いてからはその信奉者になるのに長い時間は要らなかった。大画面から聞こえてくる日本語は、横文字だらけの生活に疲れた身と心に憩いと安堵を与えてくれた。

瘋癲

「フーテンの漢字です。難しいですね」

　とここで、西さんがすぐに反応した。

「先生。でも疒《やまいだれ》の中に風ですから、読み方はすぐに見当がつきます。瘋癲の癲も顛末の顛のようですから、すぐに分かりますね」

　嬉しいではないか。形声文字の何たるかを時あるごとにお知らせした甲斐があったというものだ。

漢語辞典を開けると、瘋は形声文字で、字解として「疒＋風(声)」とある。癲のほうも形声文字で、「疒＋顛(声)」と字解が施されている。瘋も癲も疒を意符とする形声文字である。音符の「風」と「顛」を読んでおけば、その漢字の持つ音読みはマスターしたことになる。

「瘋癲は辞書を見ると、まず〝精神病の俗称〟とあります。そして二つ目として、〝定職を持たず、ぶらぶらと暮らしている人をいう〟とあります。フーテンの寅さん、そのものですね」

と伝えると、みなさんの笑顔がさざなみのように広がった。

病

「これは病気そのものですね。訓読みが〝やまい〟、音読みが〝ビョウ〟です。病のつく言葉はいくらでもありますね」

今度は永田さんが率先した。

「病院、看病、病人、そして病弱もあります」

そうしたところ、「私は無病息災がいいですね」と、明るい笑顔と共に答えたのは川北さんだ。川北さんは大正七年生まれでいらっしゃる。

「お、いいですね。そうありたいものです」

続けて白板に書いた。

毛病

「この言葉の読み方はお分かりにならないと思いますが、意味は一目瞭然ですね」

すると、とんでもないという表情の朝川さんが、「何言ってんですか、先生。読みはモウヘイに決まってるじゃないですか」と自信満々の面持ちだ。

「えっ、どうしてご存知なんですか」

「疒に甲、乙、丙の丙が入ってんだからね。疒が病気を意味して、中の丙が音符でしたっけ。先生が教えてくれた通りにすると、モウヘイになるじゃないの」

「いやあ、これは感激です。ソーシャル・アワーを続けて良かったです。涙がチョチョギれそうです」

「先生、何ですか。そのチョチョなんちゃらってのは」

「あれ、涙がチョチョぎれると言わなかったですか」

他のみなさんは、二人の会話を見物しながら笑いこけていらっしゃる。

「では、次です」

と言って、〝**健忘症**〟と白板に大書した。

「症の付く言葉に健忘症というのがあります。記憶障害の一種で、一定期間記憶力が減退する症状らしいです。ですけど、みなさんの健忘症は読んで字のごとし。健やかに忘れるですね」

と言い終えると、みなさんがニコニコ顔を浮かべた。

疒を音符とする漢字は少なくない。〝**瘋　癲　病　症　痢　痕　痴**〟と書き記して続けた。

「疒が付いてますから、すぐに病気と関係のある文字だと分かります。そして、疒を取りはずして残った漢字が音を知らせてくれています。では、もうすこし行きましょう」

痔

すると、くすくす声が場内にみなぎった。

「淑女のみなさんに読んでいただくのもあれですから、私が行きましょう。ジですね。では、どうしてこれをジと読むんでしたか」

一番乗りは辻元さんだった。

「先生が今しがた、疒を取りはずして残った漢字を読めばいいとおっしゃったばかりじゃありませんか。疒を取ると、浅草寺《せんそうじ》のジになりますもの」

さすがは本郷生まれの辻元さんだ。浅草寺を持ってきた。

「では、浅草寺の寺を音符とする漢字というと」

「・・・・」

「うーん、いけません。説明が中途半端でした。たとえば、侍従の侍、持参の持などは〝寺〟を音符にしてますね。読みはもちろんジです」

そうしたところ、すぐに川瀬さんの手が上がった。

「持病の持もそうですね」

「そうです、そうです。川瀬さん。もうマスターされましたね。ところでみなさん、もう一つ大事なのがありますよ」

時

みなさんが「本当だわ」と口を揃え、目の前が明るくなったという表情を浮かべた。続けて、〝**疱**〟と書いた。

すぐに「ホオー」と声を上げたのは八田さんだった。

「いやー、きょうのクラスは完璧ですね。みなさん、完全にマスターしていらっしゃいます」

「水疱とか疱疹とかの時の疱ですね」

「西さん、ありがとうございます。では包を音符とする漢字というと」

「手偏が付いて、抱くの抱がありますね」

「はい、正解です。抱負、介抱、抱擁の抱です。抱擁で思い出すのは、今年の三月に日本へ行ったときです。四十年ぶりに高校同期の女の子たちに再会しました。こっちもアメリカ帰りですから、アメリカ式を施さなくてはいけません。抱擁をいっぱい振りまいて来ました。ただ、女の子たちと言っても四十年前の女の子たちです。今では、当時の純情はきれいさっぱりと消え失せていましたけど」

「先生、ですけどね。この頃の日本では抱擁と言わないらしいですよ。ハグと言うようです」

言われてみるとそうである。抱擁などという堅苦しい言葉を耳にすることはない。

第四章

オバマの中国語表記

◎星期日とは

まずは「今週も中国語を行きましょう」と言って、白板に〝**棒球**〟と書いた。だが何の反応もない。

「前回やりました。覚えていらっしゃいますよね」

と尋ねたが、沈黙のままだ。そして、「すみません。覚えていないんです」という答が戻ってきた。申し訳なさそうな表情の村岡さんだ。

すると、「先生、こうなんですよ。年を取ると」という声が聞こえた。村岡さんの援護射撃を受け持ったのは辻元さんだった。

「そうですか。ではもう一度やりましょう。きょうは初めての方もいらっしゃいますし」

と言って棒球の横に野球と書き添えたところ、何人かの方が〝ああ、そうだった〟とばかりに手を打った。次いで野球の横に〝**야구**〟と書き足して、「韓国語では野球をヤグと発音します」と伝えた。

アメリカで生まれたbaseballは、明治時代の日本に入ってきて野球と訳された。正岡子規の造語だとも、一高に野球が入ってきた時に作られた言葉とも言う。どちらにしてもこれは素晴しい訳である。baseballを直訳すると塁球になるだろうし、中国のように棒球と訳すと、野球に含まれる広々とした空間で伸び伸びとプレーする感じは生まれない。中国語を続けた。

足球

「いかがでしょうか。お分かりの方」

「足の球技で、もしかするとサッカーですか」

「おっ、加地さん。さすがは大連生まれ」

「いえいえ、当てずっぽーです」

「日本語ではサッカーですね。以前は蹴球と呼びました。韓国では今でも蹴球を使います。韓国語ではチュックと読みます。では、次です」

網球

「網のボール。ネットというとバレーボール。だけどバレーは排球でした。じゃ、もしかしてテニスですか」

「冴えてますね、加地さん。正解です。日本語では庭球と呼びました。韓国語でも庭球と書いてチョングと読みます。では次です。だんだん難しくなっていきますよ」

羽毛球

みなさん、真剣なまなざしだ。すると、何かがパッと閃いたという声が上がった。

「羽子板」

またまた加地さんだ。

「三度目の正直と言いますが、山勘も三度目になると通じませんね。中国には羽子板ないんじゃないですか」

「じゃ、羽根を持った球でバドミントンですか」

と答えたのは西さんだ。

「正解です。では、最後にもう一つ」

乒乓球

「前もってお伝えします。私の書き間違えではありません」

みなさんは束の間考えをめぐらせたが、手のほどこしようがない様子だ。

「これはどうしょうもないですね。日本にはない漢字ですから。正解は卓球です。ピンポンと読ませるのです」

と伝えると、場内にどよめきが走った。そして、口々に「ヘエー、不思議だね」という声を放った。

「兵の右の点をはずしてピンと読ませ、左の点をはずしてポンと読ませるのです。私もこの中国語に出会ったときにはビックリ仰天しました。韓国語ではもちろん卓球です。タックと読みます」

と言って、スポーツ関連の中国語と韓国語の講座を終えた。すると村岡さんが、生き生きとした表情で続いた。

「先生。何か、すごく面白いです。こういう時に使うんでしょうか、〝目からウロコ〟というのは」

「ありがとうございます。では、もうすこし行きましょう。Sunday は日本語で日曜日。Monday が月曜日。これは韓国語でも同じです」

と伝えると、加地さんが仰天して聞き返した。

「韓国でも日曜日《にちようび》、月曜日《げつようび》と言うんですか」

「すみません。説明不足でした。韓国語読みです」

「ああ、ビックリした」

中国語の日曜・月曜を続けた。

Sunday　星期日

Monday　星期一

「中国では日曜日を星期日と言います。月曜が星期一、続けて星期二、三、四となり、土曜は星期六なんです」

と伝えると、少々興奮気味の村岡さんが、「本当ですか。またまたウロコです」と続いた。

中国は歴代「五行説」をとなえる国である。五行説とは、〝宇宙間には木、火、土、金、水によって象徴される五気がはびこり、万物は五気のいずれかの働きによって生じ、万象の変化は五気の勢力の交替循環によって起こる〟とする古代中国の思想である。

日曜、月曜、火曜という呼び名は中国で始まり朝鮮半島を経由して日本へ伝わったと考えるのは至極当然だろう。それが星期日、星期一であることを知ったときの驚きは、言葉には言い表せないほどだった。

そのことを「その時は本当に驚きました。髪の毛が逆立つ思いでした」と表現したところ、みなさんが聞き逃すはずがない。一応にハテなという表情を浮かべたのだった。

「みなさんの表情を拝見すると、すぐに分かります。逆立つ髪などありもしないのにと思っているでしょ」

と言い終えた瞬間、みなさんはこらえ切れずにどっと吹き出した。当分の間、そのまま笑っていただいた。そして収まったところを見極めて、今度は「充分、笑っていただけましたか」とおもむろに聞いた。するとみなさんは、またまた吹き出してしまったのだ。涙目の方も何人かいたようだ。

◎生麦酒

この日は、その数日前に体験した中国語の話から始めた。日本町にある行きつけの和食の店で昼を済ませたのだが、そこに、中国語の日本食紹介雑誌が置かれてあったのだ。漢字圏の言語比較に興味を持つ人間である。注文したものが出てくるまで、その情報誌に見入った。開けてみると、不思議な言葉のオンパレードだ。

手捲壽司組合特價

「手巻き寿司のことでしょ」

「そうです、辻元さん。中国では手巻きの巻きに手偏を付けるようですね」

すると辻元さんが、自信に満ち溢れた様子で答えた。

「手巻き寿司組合が特価で奉仕してるってことでしょ」

「えっ、手巻き寿司組合ってのがありますか」

「そうよね。そんな組合あるわけないいか。降参」

「もう降参ですか。組合は組み合わせのことでしょう。ひらがなを外して、漢字だけにして中国語に取り入れたのですね。読みはもちろん中国式ですよ」

と伝えると、「面白いわね。だったら、組み合わせというより盛り合わせかしら」と西さんが続いた。

「あ、そうですね。手巻き寿司の盛り合わせを特価でサービスするということでしょうね。次です」

生啤酒　99¢

「なにかの酒が九十九セントでしょ」

と答えたのは、岡野さんだ。

「それじゃ答えになってません。何の酒でしょう」

「分からないわよ、そんなこと。降参」

「もう降参ですか。生は〝なま〟で、啤酒はビールのことです。中国語には漢字しかありませんから、外来語を取り入れる時には外来語の音に一番近い漢字を充てるのでしたね。ビールのビの音が、漢字では啤なのです」

山大力鞋や漢堡包と同じ乗りで、中国ではビールのことを啤酒と表す。「同じ乗り」の意味するところを説明しよう。サンダルの音訳が山大力だった。そこへ履き物を意味する「鞋」を足したのが山大力鞋なのだ。草鞋《わらじ》の「鞋」である。

ハンバーガーの音は「漢堡」とした。そこへパンを意味する「包」を足してハンバーガーの中国語訳にしたのである。中国では、パンのことを「麵包」と言う。

生啤酒に戻ろう。〝生啤酒　99¢〟は、生ビールを九十九セントでサービスということなのだ。では、東アジア三ヶ国におけるビールの呼び方が面白いので書き足そう。

日本人による初のビール醸造は一八五三年に遡るという。当時の日本人はビールを麦酒と名付けた。麦酒の読みを漢語辞典で調べると、「バクシュ／ビール」とある。麦酒と書いて、昔はバクシュと読んだのだろう。だが、現代の日本では死語である。

ところが、この麦酒という言葉を守り続ける国があるのだ。韓国である。韓国ではビールを맥주《メッチュ》と呼ぶ。「麦酒」を韓国式に読むと、まさに맥주なのである。

このようなことを書いていて、ビールの醸造を始めたという一八五三年が気になった。言うまでもなく、一八五三年はペリー提督の率いる黒船が初めて浦賀に来航した年である。その時すでにビールの醸造が始まっていたというのだから、日本人の持つ好奇心には驚かされる。

もう一度、生啤酒に戻ろう。韓国では生ビールを생맥주と呼ぶ。생は「生」の韓国語式読みである。もちろん音読みだ。中国にも韓国にも訓読みがないということはこの場でも何度か紹介した。

ところで、生ビールという言葉が日本語の仲間入りをしたのはいつ頃なのだろうか。日本の夏の風物詩ビアガーデンが都会のビルの屋上に登場した頃と時を同じくするのではなかろうか。

国語辞典には〝醸造したままで、殺菌のための過熱をしていないビール〟とある。英語のdraft beerの和訳が生ビールなのだ。「生のビール、生きたビール、新鮮なビール」というイメージを与えてくれる名訳だ。

造語力に長けた日本が隣にあるから中国も韓国もラッキーである。draft beerが生ビールと訳されたのを見て、啤酒の前に「生」、맥주の前に「生」を付けるだけで済むのだから。

◎我愛你

中国語の話をお持ちすると、みなさんは大いに喜ばれる。これまでも萬事得、山大力鞋、卡拉ＯＫ、漢堡包などが大いに好評だった。

まずは〝**迷你裙**〟と書き、裙を指して説明した。

「これはスカートの意味です」

と言った後で、你を丸く囲った。

「これはニーハオという時のニーです」

と伝えると、加地さんからすぐに返答があった。

「中国語の How are you? ですね」

你好＝How are you?

「そうです。つまり、你はあなたを意味するのです」

そして迷を指し、「これはミです。すると、ミニとなりますね」と続けた。そこで西さんの登場だ。

「へえー、面白いわね。あなたを迷わすスカートと書いてミニスカートですか。完璧ですね」

すると、他のみなさんも宝石箱を開けてときめく少女のような表情に早変わりした。そして、「へえー、面白いわね」と声を揃えた。次は加地さんだ。

「これは最高ですね。でもね、先生。あなたを迷わすスカートなんて、私、はいたことないんですよ」

そして、その後押しを受け持ったのが辻元さんだ。

「殿方の前で膝小僧をさらけ出すなんて考えられなかったわよ」

言われてみると、膝小僧が見え隠れする制服に変わって行ったのは私が高校時代だったかも知れない。六〇年代の終わり頃である。

あなたを迷わすスカートが一段落したところで、もう一つ紹介した。

我愛你

「なんですか、それ」

「我は我が友という時の我ですからIですね。愛はｌｏｖｅです。你は先ほどから言ってますようにｙｏｕでした。つまり、中国語のI love youなんです」

すると、辻元さんが驚きの声を上げた。

「英語と順序が一緒だわ」

「おっ。いいところにお気づきですね。中国語の語順というのは非常に英語的です。主語の次に動詞が来て、目的語が続くようになっています」

と言うと、みなさんは目を大きく開いて「へえー、そうなんだ」と声を合わせた。

「I love youですが、ちょっと面白い話があります」

私がロスに着いたのは一九七五年だった。留学生として来たのだが、初めの六ヶ月は英語コースが義務付けられた。正課へ入る前に、まずは英語の勉強をしっかりしろということである。言うまでもない。英語コースの全ての者は外国からの留学生だった。中国、韓国、台湾、インドネシア、タイ、マレーシア、インド、イラン、サウジアラビアと多彩である。
するると、皆が他の国の言葉を知りたがるのである。そして面白いのは、男同志だと決まって〝お前の国ではI love youを何と言うんだ〟となるのだった。特に中東の人間にその傾向が強かったようである。

ある日サウジアラビアからの留学生が、「日本語ではI love youを何と言うんだ」と聞いた。ところがすぐには口をついて出てこない。直訳すると〝私はあなたを愛しています〟である。だが、日本ではそのような堅苦しい物言いをすることはない。普通は〝愛してるよ〟ほどであろうか。どっちを伝えるかをしばし考え、堅苦しくないほうにした。I love youは〝愛してるよ〟だと伝えたのだった。

「すると、〝なんだって。お前の国でもIはIなのか〟と驚きの声を上げたんです。I love youも愛してるよも同じ〝アイ〟で始まりますからね。そこで、英語のIは日本でもIなのかとなったわけです」

と興奮を抑えるようにして話終えたが、みなさんの反応が思わしくない。いや、まるで反応がない。

すると、加地さんがみなさんを代表するようにつぶやいたのだ。

「なーんだ。I love youの話だからもっとドキドキする話かと思ってたのに」

「ハズレでしたか。面白いと思ったんですけどね」

他のみなさんも期待外れのご様子だ。仕方ない。上官を前にした伍長のように腰を四十五度に曲げ、

「次回からは、より一層の精進をいたします」と高らかに声を上げた。

そこで一斉に、みなさんの笑顔が膨らんだ。その日も笑顔のうちに無事終了となった。

◎オバマの中国語表記

この日はオバマ大統領の中国語表記を話題にした。

「Obamaを日本語では」

「オバマでしょ」

「はい、そうですけど。日本語では」

と言って、〝小浜〟と白板に書いた。

「冗談です。小浜市のことをみなさんご存知ですか」

読みが同じだということで小浜市が脚光を浴びた。古い歴史を持つ町で、昔から鯖で有名だという。若狭湾に位置する小浜港に水揚げされた鯖は、塩漬けにされ京へと続く街道を通って運ばれた。鯖街道がそれである。

本題へと移ろう。サンケイ新聞インターネット版に〝オバマ大統領は〈奥巴馬〉か〈欧巴馬〉か――漢字表記で米中対立〟という記事が載ったことがある。

中国では奥巴馬と表記するが、米国側から「欧巴馬」に変更して欲しいと中国側へ申し出たという。奥巴馬だとアオバマと聞こえるのだそうだ。

だが、中国側はその要請に難色を示した。欧巴馬のほうがObamaの発音に近いのは確かだが、「欧」は欧州を表す漢字である。米国大統領の名前に「欧」は相応しくないという理由だ。

そしてもう一つの理由は、日本語と関わりがあるということだった。白板に〝欧巴桑〟と書いて続けた。

「読んでみましょう。欧巴が Obama の発音に近いというのですからオバですね。では桑。何と読みましたか」

「桑に港と書いてサンフランシスコだから」

「そうです、加地さん。桑はサンと読みます」

と説明すると、すぐにピンと来たようだ。加地さんが「おばさんですか」と続いた。

「はい。日本語のオバサンに由来する欧巴桑には、年配でそれほど上品ではない女性のイメージがあるそうです」

米大統領のイメージが欧巴桑《オバサン》と重なりかねない。それでは失礼に当たるということなのだ。

中国語には、ひらがな、カタカナ、アルファベットといった表音文字がない。漢字だけである。すると、外国の地名や外国人の名前を表記する際、その音に最も近い漢字を充てるしか手がない。雅典(Athens)、波士頓(Boston)、蒙特利(Montréal)のようにである。

だが、時々意訳を施すことがあるからややこしい。Iceland はその意味をそのまま訳した。「氷島」である。読みはビンダオだという。すると、アイスランドの音を失ってしまう。これと似たのがミッドウェーである。

MIDWAY　中途

ミッドウェー海戦の Midway を、中国語では「中途」と意訳した。辻元さんがすぐに反応した。
「あらー。中途半端だね」

「ミッドウェー海戦という戦記があったとします。中国語に翻訳されると、題名は『中途海戦』ですよ」と告げると、「まったく中途半端だね」「おかしいね」という声が上がった。次は〝白宮〟にした。

「これでホワイト・ハウスです」

すると、「いいね」という声が波打った。

「ところが、またもやアメリカ側がクレームを付けました。アメリカにはパレスはないと」

みなさんは耳を澄ませた。

「そして要求したのが」

白屋

「あれー、それはあんまりにも安いわ」

と反応したのは、呆れきった様子の加地さんだ。

「そうですね。白屋では安すぎます。それにしても、アメリカ人は変なところで頑固ですね」

すると村岡さんが、自分の意見を述べた。

「白亜館が一番良い呼び方なんですよ」

「そうですね。おっしゃる通りです。白亜館が一番〝らしい〟ですね。じゃ、こうしましょう。白亜館にするよう、中国側にもアメリカ側にも手紙を書きましょう」

と伝えると、「そうしてください。先生、頑張ってくださいよ」という合唱が拍手と共に起こった。

そして、みなさんの顔に〝何とかしなくちゃ〟という気構えがありありと浮かび上がったのだ。これは、何か気の利いたジェスチャーで応えなければならない。

とっさに思いついたのが、左ひじを折って筋肉を盛り上げる格好だった。すぐにポロシャツの袖をまくり、左腕の筋肉を盛り上げた。大きな拍手と共に「ウォー」という黄色い声がホール中にこだました。

◎貼面舞

その日は中国語の話を大盛りでお持ちした。まずは前の週のおさらいだ。

迷你裙

「先週やりました。覚えてますね」

と始めたが、場内はシーンと静まり返ったままだ。

「返事がありませんね。先週大喜びされましたよ」

すると申し訳なさそうな表情の村岡さんが、「聞いた時にはおかしくておかしくて、こらえきれなくなるんです」と率先した。そして右手は右耳に近づけ、左手は左耳から離す仕草を施しながら「聞いた途端に抜けて行くんです」と続けた。

そこで前の週に休んだ方のためにもう一度説明し、あなたを迷わすミニスカートを満喫していただいた。

中国語には漢字だけしかないため、外来語を取り入れる際には外来語の音に一番近い漢字を引っ張り出してくるしかないことを伝え、白板に書き並べた。

三明治　馬拉松　奥林匹克運動会

「これらはみな、以前お知らせしました。サンドウィッチ、マラソン、そしてオリンピック。その時みなさんは、まるで女学生のように大喜びされてました」

「そうでしたか。きょう聞いてもワクワクしますもの」

「ということで、今週も中国語が盛りだくさんです」

上空装

「空の上の装だよ、きっと」

「辻元さん。それでは全然答えになってません」

するとと朝川さんが、「装だから服装ですよ。そうだ。空を飛ぶ服でパラシュート」と続いた。

「うーん。パラシュートは服ではないですね。どちらかというと傘です。落下傘と言いますからね。どうですか。降参ですか」

「はい。落下傘」

タイミング良い朝川さんの一言に、みなさんも明けっ広げの笑みを振りまいた。

「全会一致の落下傘ですね。では、行きましょう。上空装の装は服です。ところが、空は〝そら〟ではなく空《から》です。つまり、上は着てないんです」

と言って上空装の横にトップレスと書き足したところ、場内にすさまじいどよめきが起こった。

「へえー、スゴイわね」「おかしいね」「不思議だね」と、我を忘れていらっしゃる。

「この手の話がお好きなのは存じてますが、予想以上でした。トップレスの次はこれで行きましょう」

と言って白板に〝眼轉動〟と書いた。すると、「眼がぐるぐる廻ってびっくり仰天」という声が鳴り響いた。加地さんだ。

「眼がぐるぐる廻りそうですけど、答えはウィンク」

その時、またまたどよめきが起こった。加地さんがこのタイミングを逃すはずがない。

「先生。やっぱりビックリ仰天でしたね」

「たしかに。では、次は私が好きなやつです」

貼面舞

と書くと、辻元さんが一番乗りだ。

「仮面をつけて踊る舞だね。あ、そうだ。仮面舞踏会」

「違います。私の好きなやつだとお伝えしたばかりです。仮面舞踏会くらいじゃ、とてもとても。ヒントです。ここでの面は仮面の面ではなく〝つら〟の面です」

と伝えると、みなさんは一斉に物思いにふけった。

「難しいですよね。では答えです。自分の顔と相手の顔を貼り付けて踊る舞、つまりはチークダンスです」

言い終えた瞬間、きょう一番のどよめきが起こった。

「あー、おったまげた。ホントにすごいね」

と叫んだのは、あっけにとられた表情の朝川さんだ。そして、すぐに加地さんが続いた。

「またまたびっくり仰天。だけど、これが一番ですね」

「みなさんの好まれるジャンルでしたね」

と言って、白板に〝**初次露　再来一次**〟と続けた。

「デビューとアンコールです」

これにもみなさんは大いに驚かれ、「ホオー」「おかしいね」「不思議だね」という声が行き交った。

前回、ミッドウェー海戦は「中途海戦」だと書き記した。Midwayを中途と意訳したのである。三明治、馬拉松、奥林匹克などは音訳である。一方、上空装、眼轉動、貼面舞などは意訳だ。中国語の外来語表記には、いつもビックリ仰天させられる。

◎加油

この日は〝頑張れ〟を話題にした。

「最近、これほど頻繁に使われる言葉もないかも知れません。この頃はガンバレだらけですよね」

「そうそう。新婚旅行へ向う新婚さんをつかまえて、頑張ってきてってのは、どうもいただけません」と賛同して下さったのは、関東大震災の年に向島でお生まれになった河村さんだ。そして、「以前は頑張ってよりも、しっかりねを良く使ってましたよ」と続けた。

阪神大震災の時の話である。全国から集まったボランティアの多くが被災者へかけた言葉は、決まって「頑張ってください」だったという。

「被災者のほうは、それがいやだったと言うんです。自分たちは死に物狂いで頑張っているのに、これ以上どう頑張れというんだと」

　頑張れに含まれる微妙な語感をお伝えしたところ、みなさんは「本当にそうだね」と声を揃えた。

　ここで話の矛先を韓国語の頑張れへと移した。まずは白板に〝**열심（熱心）히**〟と書き韓国語で発音したところ、神妙な面持ちの西さんが、「じゃ先生は、普通の韓国人のように韓国語がお出来になるんですか」と聞かれた。

「いえ、普通の韓国人のようにとは行かないです。発音がどうしても日本語訛りになります。ただ、英語よりは上を行くかもしれません」

　この場で度々取り上げる和製漢語だが、韓国語の中に占める和製漢語の割合は六〇%ほどになる。右に書いた「最近　頻繁　以前　普通　熱心」などは、発音は違えど日韓で共有される言葉である。そこへ持ってきて、文法にしろ語順にしろ、日本語とまったく変わりないほど似かよっているのだから英語よりも入りやすいということになる。

　そのことを伝えると、待ち切れないとばかりに、西さんから「じゃ、今日は良いお天気をありがとうございます、を韓国語で言ってみて下さい」という注文が入った。

　少々戸惑った。どのような状況で誰に話すかによって少くない違いが生じるからである。

「これはどなたに対して言われる言葉ですか」

「神への祝福の言葉です」

「あ、そうですか。それだったら、오늘 좋은 날씨를 주셔서 감사합니다ですね」

「そうですか。その言葉の響きを知りたかったんです」

「감사합니다は、みなさんご存知ですよね」

と言って〝**感謝합니다（します）**〟と白板に書いたところ、すぐに西さんが応じた。

「あら、そうなんですか。先生、カムサハムニダ」

「そろそろ時間ですね。最後は中国語の頑張れです」

加油

と白板に書くと、加地さんがすぐに反応した。

「本当ですか。からかっているんじゃないでしょうね」

「からかうなどとそんな。正真正銘の中国語です。油を加えて、焚きつけようという感じでしょうね」

初めてこの言葉に出会ったのは、数年前の『紅白歌合戦』でだった。中国の街角での映像だったが、そこに集まった人が持つプラカードに書かれてあったのが「加油」だったのだ。

それを見たとき、妙な気持ちになったのを覚えている。その当時すでに中国の言葉に興味を持っていたからである。中国語ではバターが牛油、ガソリンが汽油、アスファルトが拍油、ディーゼルが柴油である。加油は「なに油」なのだろうと思ったのだ。調べてみると、加油は〝頑張れ〟を意味するのだという。中国の造語事情に首をひねったことが思い出される。

時計を見ると、そろそろ幕を下ろす時間だ。そこで持参した高島俊男の『お言葉ですが・・・』を手に取り、「面白い話があったので準備をしましたがもう時間切れです」と告げた。

「じゃ、次の回にお願いします」

「はい。次回は楽です。準備しなくていいですからね」

「えっ。毎回、私たちのために準備されてるんですか」

「勿論ですよ。みなさんに笑っていただこうと思って」

と言って、白板に書かれてある〝加油〟を指した。

「いつも一生懸命、加油してます」

みなさんは、こぼれんばかりの笑顔で拍手を送ってくださった。我ながら上出来の締めくくりとなった。

第五章　英語の難しさ

◎和製漢語

ソーシャル・アワーが開始されてから五ヶ月ほどが過ぎた頃だった。まずは前回のことを振り返った。

「前回は、少し専門的過ぎたかもしれませんね」

と始めると、村岡さんからすぐに、「いえいえ、たいへん興味深い話でした。全然覚えてはいませんけど」と返って来た。そして、加地さんが続いた。

「先生。私もなーんにも覚えちゃいませんけどね、目からウロコが何枚も取れたのは覚えていますよ」

「興味深い話だったと覚えていただいただけでも良しとしますか。何と言っても、みなさんの大胆な物忘れには目を覆うばかりですから」

とおどけると、みなさんは「ワアー」と声を一つにした。

「前回、和製漢語ということをお知らせしました」

と始めたところ、加地さんが率先した。

「自信を持って言います。全然覚えちゃいません」

「困りましたね。物忘れが特技のみなさんですから、まずは先週お知らせしたことから始めましょう」

と言って、白板に書き連ねた。

社会　経済　選挙　反応　時間　意識　情報
必要　世界　信用　印象　理論　素質　演奏

「これらはすべて、ペリーの来航以降に生まれた日本語でしたね。時代劇には出てきません」

と始めたが、全く当を得ないという表情だ。ただ、みなさんの光り輝く目は白板に集中したままだ。

「いかがですか、みなさん。たったの十八個ですが、これらがなかったとしたら困りますよね」

みなさんはお互いに目を合わせて、大きくうなずいている。

「先生。時間や意識や情報がなかったら生活できませんよ。何かものすごいことを教わっている気がしてます」

まずは加地さんがつぶやいた。そこで『漢語外來詞詞典』をみなさんにお見せした。

「これは、中国語の中で使われる外来語を集めた辞典なんです」

と言って、そこに載る外来語としての日本語のいくつかを白板に書き記した。

列車　電気　警察　選挙　図書館　天文学

「あれ、先生。それ本当ですか。てっきり中国から流れてきたのだと思っていましたが」

漢字語とは、漢の国において数千年前に生まれた言葉であると理解してきた。その後、朝鮮半島を経由し日本にもたされたため、韓国でも日本でも同じ漢字語が使われていたのだと解釈をしていたのだ。ところが調べてみると、これらの漢字語は全て日本製だという。つまりは和製漢語である。それはそうだろう。列車も選挙も、そして図書館も漢の時代にあるわけがない。電気はなおさらだ。

Astrology

と白板に書き、説明を加えた。

「これは、天文学という日本語を造って対処しました」

「・・・・」

みなさんは無言のままである。うまく伝わってないようだ。それも仕方ないだろう。八十年も九十年も生きてこられて、このような話を耳にされたことなどなかっただろうから。束の間、沈黙が続いた。

そうしたところ、ようやく加地さんが口を開いた。申し訳なさそうな表情で、「でも先生、天文学という言葉がなかったとおっしゃいましたが、ペリーの来る前も太陽があり、星があり、天文学はあったんじゃないですか」とつぶやいたのだ。まさにその通りである。素朴な質問だ。同時に難問でもある。

「うーん。もちろん太陽の軌道により夏至・冬至を知り、月の満ち欠けにより暦《こよみ》を作り、星の動きを見ては七夕を知るということはしてました」

とまで言ったところで、少し間を置いた。とにかく難問である。かろうじて、「ですが太陽系や銀河系の存在、惑星の存在、あるいは宇宙の誕生などという学問は、ペリー来航以前の日本には存在してなかったものです。もちろん中国にも。なにしろ、太陽系、銀河系、惑星、宇宙といった日本語も、ペリー以降にできた和製漢語ですから」と言い伝えた。

みなさんは依然として黙り込んでいらっしゃる。それ以上の説明は控えた。ただ、少しずつではあるが、明かりが射し込んできている様子が見えた。そのことが嬉しかった。

◎前立腺とは？

ホールに入って席に着くと、待ちきれないとばかりに加地さんが口を開いた。

「きょうは買い物の日だったんです。バンを運転してもらって朝から行ってきました。きょうは服を買おうと思ったんですけど、だめなんです。若い人向きのものばかりで」

今度は辻元さんが同調した。

「日本だと年寄り向きのもあるのにね」

「本当にね。差別だわよ。この頃の流行りが何だか知らないけど、胸のところが大きく割れたやつ、あんなもの着れませんよ」

「そのようですね、この頃は。あれは私ども男にとっても困るんです。あれだけ開いていると、胸の膨らみがもろに見えてきます。すると、面と向かっている時、目のやり場に困るんですよ」

と告白すると、その場はニコニコ顔の満開だ。そこへ茶目っ気をふんだんに含んだ表情の村岡さんが続いた。

「じゃ、先生。面と向ってない時はどうなんですか」

「えっ、はあ。それは、そのー。私は、自ずと見えてくるものを拒むほどには枯れてませんから」

かろうじて言い終えると、「待ってました大統領」という声が鳴り響いた。朝川さんだ。場内にキャッキャッという声がみなぎった。

ちょうどその時である。その歓声に鉢合わせるようにして河村さんが入ってきたのだ。笑い声と拍手の渦と化した場内に驚いたのだろう。瞬《まばた》きを止めずに聞いた。

「これはソーシャル・アワーで合ってますか」

思わね喧騒に、場所を間違えたと思われたようだ。

「今週も引き続き、新しい日本語の造語事情です」

と言って話題を変え、まずは〝SUDORIFEROUS GLAND〟と白板に書いた。ただ、書いたとはいえ全く馴染みのない英単語である。綴りなど思い浮かんでは来ない。一字一字、アルファベットを追いながら書いた。

「いかがですか、みなさん。この意味をご存知の方」

場内はシーンと静まり返った。

「Gland は以前やりました。とはいえ、覚えていらっしゃることを期待してはいません。もう四ケ月も五ケ月も前の話ですから」

と言って、白板に書いた Sudoriferous Gland の Gland の下に〝腺〟と書いた。続いて Sudoriferous の下に〝汗〟と書き添えた。

「へエー」

漢字は便利である。汗腺とあると一目瞭然だ。汗を分泌させる線のように細い体内の器官であることは、医学辞典を調べずとも独りでに見えてくる。

白板に〝LACHRYMAL GLAND　LACTEAL GLAND〟と書き足した。

「おわかりですね。これらも腺と関わりのある単語です。では、いかがですか。意味をご存知の方」

反応があるはずもない。アメリカ人にさえ馴染みのうすい言葉である。その横に〝涙腺　乳腺〟と書き足した。

「ホオー」

みなさんは目を丸くして見入っている。すぐに加地さんが反応した。

「先生が魔法使いのように見えてきましたよ」

「いえいえ。私はただ、幕末から明治にかけてこのような物凄いことを成し遂げた魔法使いのような人たちの業績をお知らせしているだけです」

そうしたところ、今度は辻元さんが口を開いた。

「私は一九五九年からアメリカに住んでますけど、全く先生のおっしゃる通りです。そんな単語、見たことも聞いたこともないわ」

「では、もう一つ腺のつく言葉を行きましょう」

Prostate Cancer

これには辻元さんが率先した。自信満々のご様子だ。

「前立腺でしょ。主人が前立腺の手術を受けたことがあるんです」

「どうも。Prostate Cancer は前立腺の癌ですね。これは女性にはない病気で、男性だけがかかる病気です。では質問です。何故に前立腺と呼ぶのでしょうか」

と、ぶっきらぼうに質問を投げかけた。するとみなさんは、「何だろうね」「前が立つとあるよね」とお互いの意見を分かち合っている。

その時だった。いつも通りに私のすぐ右横に座った高橋さんが、無表情のまま言い放ったのである。

「読んで字の如し」

ただ、この一言は場内がざわざわしている時に放たれたため、みなさんの耳に入ることをしなかった。

そこで「すこしご静粛に」と告げ、ざわめきがなくなったところで続けた。

「私は五年くらい前からこの前立腺という言葉の語源が気になっていました。色んな辞書を片っ端から調べたんですが、載っていないんです」

みなさんは神妙な面持ちである。

「したところ、ほんの数週間前にふと思いついたんです。高橋さんが先ほど、私が思いついたその通りを言われました。読んで字のごとくと」

と言って、深く息を吸った。そして続けた。

「みなさんのお年を考えますと、そのことを発表しても問題ないと思います。そして、私もこれしきのことで顔を赤らめるような年でもないので発表します。女にはなくて男にしかないのですから、読んで字のごとく。前が立つということだろうと気付いたんです」

またもや、ざわめいた。しかし、そのざわめきは肯定的なものだった。私の目はおのずと高橋さんのほうを向いた。そこには、仙人の笑顔としか形容できない高橋さんの優しい顔があった。高橋さんから向けられた優しい視線に目礼した。

◎英語の難しさ

この日はプリントを用意した。

「きょうはプリントしてきました。実を言いますと、英単語を白板に書き綴るのも楽じゃないんです。見知らぬ英単語となると、もうお手上げです」

とお伝えして、プリントした用紙を配った。用紙には、

1．Sudoriferous Gland
2．Lachrymal Gland
3．Lacteal Gland
4．Salivary Gland
5．Prostate

と、プリントされてある。

みなさんは真剣な面持ちで自分のノートをめくり始めた。前の週に取り上げた単語群なのだ。前回休みだった西さんは、下を向いて懸命に電子辞書へ打ち込んでいらっしゃる。昭和十五年生まれの最年少

である西さんはハイテク志向なのだ。

加地さんが一番乗りだった。前の週の書き込みを見ながら「一番は汗の腺でした」と答えた。

「どうも。Sudoriferous という単語の読み方をいまだに知りませんが、日本語では汗腺でした。では、二番目」

と続けると、ソーシャル・アワーの開講以来ずっと持参されるノートをめくりながら、村岡さんが「涙腺です」と答えた。

「三番目は私が答えましょう。私好みですから」

と前置きし、「乳の腺で乳腺でしたね」と伝えた。みなさんの顔に笑顔が浮かんだ。

「では、四番目は」

と続けると、浮かぬ顔つきの加地さんが反応した。

「先生、四番やりましたか。見当たりませんよ」

「そうですね。やってません。ちょっとばかり意地悪をと思って」

「なあーんだ、先生。いたずら盛りの男の子みたいですね」

今度は永田さんだ。小声でつぶやいた。

「Salivary は唾ではないですか」

「おっ、これはすごいですね。永田さんは久しぶりですけど、英語が相当お出来になりますね」

「いえ、たまたまこれだけ知ってたんです。ですけど、さっきから感心して聞いてました。英語のはまるで見当がつかないのに、日本語だとすぐに分かりますよね」

「ありがとうございます。私の狙ったところをちゃんと理解して下さって。はい、四番は唾液腺です。唾を吐くというのは普通 spit ですが、専門用語になると」

と言って、白板の Salivary を指した。

「では、五番はいかがですか」

すると、満を辞したとばかりに西さんが手を挙げた。

「前立腺です」

「はい、正解です。前回は、前立腺の語源を丹念に探りました」

と言うと、前回来られた方たちから含み笑いが起こった。

「西さんは前回お休みだったので、お聞きしましょう。前立腺の語源は」

と西さんの目をまっすぐ見据えてお聞きしたところ、「いきなり言われてもね」と視線をそらせ、たくみに質問をはぐらかせた。

「Prostate cancer というのは男にしかない病気です」

「そうですね」

西さんは、〝一体、何を言い出すのだろう〟と謎につつまれた表情である。

「つまり前立腺は、読んで字のごとくです」

と言いながら高橋さんのほうを向くと、そこには、天真爛漫を地でいく少女のような笑顔が待っていた。

「復習はこれくらいにして、きょうは新しい試みです。みなさんお待ちかねのテストです」

と告げると、神妙極まりない様子の加地さんが訴えた。

「先生、それだけはいけません」

「テストと言っても実力試験です。軽い気持ちでどうぞ」

用紙をみなさんに配った。十の英単語がプリントされてある。

1. Contagious Disease
2. Exophthalmos
3. Cardiomyopathy
4. Enterectomy
5. Osteomyelitis
6. Intracerebral Hematoma
7. Strabismus
8. Hemiplegia
9. Hemorrhage
10. Dysphasia

みなさんは真剣を装った。だが、見るからに諦めの表情である。

一番乗りは永田さんだった。

「一番は伝染病じゃないですか」

「はい、正解です。永田さんは英語が強そうですね」

「いえいえ。一番だけは知ってるんです。あとはチンプンカンプンですよ」

それにしても英語は面倒だ。この場にいらっしゃるみなさんは、アメリカに長い方ばかりである。何人かの方はアメリカ生まれでいらっしゃる。それでいながら、まるで手の打ちようがないのである。私自身も同じことが言える。一九七五年に渡ってきてから人生の半分以上を英語の世界に身を置きながら、プリントされた十の英単語の内、自信を持って答えられるものは一番の contagious disease しかない。


日本語訳を白板に書いた。

一、伝染病　二、眼球突出　三、心筋症　四、腸切除
五、骨髄炎　六、脳内出血　七、斜視　八、半身不随
九、出血　十、言語障害

すると、加地さんが歓喜の声を上げた。

「これはすごいですね。チンプンカンプンだった英単語が全部分かりますよ。何か、物すごく賢くなった気分です」

そして、永田さんが続いた。

「私は帰米二世ですから日本語はみなさんほど得意じゃないんです。ですけど、先生が書かれたのは全部わかります。アメリカで生まれましたが、英語のは私もチンプンカンプンです」

「ご安心ください。ほとんどのアメリカ人が私たちとどっこいどっこいだと思います」

アメリカにおいては専門家にしか理解されない単語だったものが、漢字を駆使して意訳された和製漢語により、日本では国民だれもが理解できる言葉になった。そのことが、国民全体の教育水準の向上につながったのである。

「英語の単語を見ただけでは何の病気かを知ることはできません。つまりアメリカでは、病気にかかって初めてその意味を理解することができるのです」

と言って、きょうの幕を下ろした。

そうしたところ、少し興奮気味の加地さんが声を大にした。

「先生。それは困りますよ。患って初めてその病名を理解するのであれば、身体がいくつあっても足りません」

みなさんから明るい笑い声がにじみ出た。そこへ西さんが「全部理解するには時間もあまり残ってないしね」と続けたものだから、場内は大いに盛り上がった。

こっちが伝えようとしたことをみなさんがちゃんと理解してくださったようだ。そのことが嬉しかった。

◎カテーの問題

この日は『漢字と日本人』(高島俊男著)という本をお持ちした。まずは、「この中に〝カテーの問題〟という項があります」と言って話を始めた。

著者は、以前起こった中学生が幼い子供を続けざまに殺害した話を取り上げ、日本語の特徴を説いたのである。引用しょう。

〈ある新聞記者からその中学生に関して何かの質問をされて、校長先生が「それは假定の問題でしょう」と答えた。それが、「校長は家庭の問題だと語った」と報ぜられて、校長先生は誤解を受け、迷惑をこうむった、というのである。〉

白板に〝**カテーの問題**〟と書いた。

「みなさん、お分かりですか」

と聞いたが、「はい」と答えたのはお一人だけだった。みなさんは焦点がつかめないという様子だ。

すると、みなさんを代表するように辻元さんが率先した。

「物事が進んでいくプロセスのカテーでしょうか」

ところがすぐに、西さんから異議が唱えられた。

「いえ、仮りのという意味のカテーでしょう」

数行の中に、カテーという音を持った漢字語が三つも登場した。家庭、課程、仮定である。

「では、正解をお知らせしましょう。校長先生は、〝それは仮定の問題でしょう〟と言ったのですね。それを新聞記者は、〝家庭の問題〟と理解したのです」

と伝えると、みなさんは大いに納得した。そして、加地さんが続いた。

「仮定の問題と家庭の問題じゃ、大違いですね」

生徒を擁護すべき校長が、家庭に責任を転嫁するとはけしからんと書いたのがきっかけで誤解を招いたのだそうだ。

가정

ここで話を韓国語事情へと移した。韓国語でも全く同じことが起こるのである。

「これは、韓国語での家庭です。そして驚くなかれ、仮定も同じなんです。つまり、日本語での〝カテーの問題〟とまったく同じまちがいが起こるんです」

「ヘエー、不思議だね」

「ただ、日本語は漢字で書き表わすので字を見れば一目瞭然です。ですが漢字を使わなくなった韓国では、いつも言っていますように、見ても聞いても区別がつかないのです」

「面白いですね。ところで先生、その韓国語はなんと読むんですか。まさか、日本語と同じでカテーということはないですよね」

西さんが興味津々な面持ちで聞いた。

「あ、そうだ。忘れてました。これは、ka jung（カジョン）と読みます」

「ヘエー。だったら、カは同じですね」

西さんらしい質問である。

「そうです。さすがですね。家庭のカは韓国語でも가（ka）です。仮定のカも가（ka）です。あれ、これは面白そうですね。気分的には横道に入ろうとしています。よろしいでしょうか」

「どうぞ、どうぞ。ご遠慮なく」

「では、お言葉に甘えます。じゃ、ちょっと協力してください。カの音を持つ漢字を上げていただけますか」

一番乗りは朝川さんだった。

「はい、先生。カテーのカ。仮《かり》のほうですよ」

「正解です。ですけど、そういうのを日本語でなんと言いましたっけ」

「・・・・」

「カンニングと言わなかったですか」

「そんな日本語ありましたっけ。私は一九五八年に日本を離れたから、カンニングという日本語知りませんよ」

してやったりという表情だ。ただ、カンニングという言葉は大正時代から使われた和製洋語なので、そんな言い訳は通じないよと思いながらも、「今回は、朝川さんに一本取られましたね」と白を切った。

〝やられましたよ〟という表情を浮べるのも忘れなかった。

すると、すぐさま加地さんが反応した。いたずら盛りの中学生のような表情を浮かべ、「私も一本取らせていただきますよ。カテーのカ。私のは、家のほうですよ」と言った。

場内に笑い声が渦巻いた。

「きょうは、どうも押されぎみです」

と言いながら、白板に書き記した。

仮（假）暇霞家稼嫁
「みんなカですね。もう少し続けましょう」

可歌加架
「これらもみなカですね。まだまだあると思いますが、これくらいにしておきましょう。では一言付け加えます。白板に書いた漢字すべて、韓国語でもカなんですよ」

と言って、白板に書き記した漢字群の横に가と書いた。

「ホオー」

「調べてみると、まだまだあるはずです。これほどたくさんの異なった漢字を、すべて가で書き表すのですから、これは問題です」

「見分けがつかないですね」

とつぶやいたのは、村岡さんだった。

가だけでは漢字の意味は見えないのだ。

◎彼に憧憬してたのよ

ソーシャル・アワーでは、日本語の実力ということをお伝えするよう心がけている。日本語の表現力の豊かさということである。また、和製漢語が東アジア諸国へ与えた大いなる貢献については、なるべく多くの時間を割くようにしている。

韓流ドラマを見ていると、目が飛び出るほどびっくりすることがある。表現の窮屈さにである。「奥さんと仲直りしたか」というところを、「奥さんと和解したか」と来るから頭が混乱してしまう。仲直りにあたる韓国固有の言葉がないのだろう。和製漢語の「和解」で代用するのだが、「奥さんと和解したか」では硬いし味気ない。

日本語はラッキーである。追憶という和製漢語があり、思い出という和語があり、メモリーというカタカナ語がある。思い出という言葉には、軽やかな和みがあり温かみがある。「思い出づくりの旅」が韓国語では「追憶づくりの旅」である。追憶に軽やかさを、和みを、温かみを感じることはない。

白板に〝討論〟と書いて続けた。

「和語は話し合いです。同じ意味でも感じがだいぶ違います。討論だと融通性が無いような。ディスカッションを使うと、うんと洒落た感じになります」

「なるほど。言われてみると本当だね。面白いわね」

韓国では日本語の和語にあたる自国語があまり整備されていないため、追憶や討論といった和製漢語にたよるしか手がない。導くを「誘導する」、おめでとうを「祝賀する」、あせりを「焦燥」、誘い玉を「誘引球」などと、堅苦しい言葉のオンパレードなのだ。

「日本語だけではないでしょうか、これほど自由自在に使い分けのできる言語というのは」

と言って〝**嫉妬**〟と書いた。すぐに返答があった。

「焼き餅」

「早いですね、河村さん。良く焼きましたか」

「違いますよ。良く焼かせたのよ」

みなさんは大喜びだ。辻元さんが続いた。

「私はカタカナ語を知ってますよ。ジェラシーでしょ」

「日本語には、このような例がたくさんあります」

と言って、白板に書き並べた。

爽快	**爽やか**	**フレッシュ**
微笑	**ほほえみ**	**スマイル**
永久	**とこしえ**	**フォーエバー**
解消	**取り消し**	**キャンセル**

すると、西さんがすぐに付け足してくださった。

「この頃はドタキャンというのがあるようです。土壇場でキャンセルするのをドタキャンと言うそうですよ」

「そのようですね。ドタキャン。なんか、蝿叩きで蝿をぴしゃっと叩いたような響きです」

日本語は使い途の良い言語である。一つの行為を何通りにも言い表し、書き表すことができるのだから。専門的に、学術的に、理論的に、重厚に、堅苦しく、重々しく、あるいはインテリっぽく書こうとすると、音読みの和製漢語を多用すればよい。

耳に優しく、軽やかに、人情味に富み、つつましく、ゆとりのある、かしこまることのない、そして遊び心を持った流れにしたければ、訓読みの和語を多用すればよい。そして、ところどころにカタカナ語を混ぜると粋なアクセントになるのだから便利である。

「我々は、憧れという言葉をよく使います。高校の時のバレー部のキャプテンはみんなの憧れの的だったわねってな感じですね。憧れの的、良い響きですね」

と伝えたところ、加地さんが異議を申し立てた。

「ですけどね。私たちの頃は女学校だったでしょ。だから憧れの男子生徒ってのはなかったですよ」

「おかわいそうに。じゃ、近くに男子校はなかったのですか。下校の時に憧れの子とすれ違うとか」

「いえいえ、そんなもの全然なかったですよ。そうでしたね、みなさん」

それを受けたみなさんも、顔を見合わせてうなずきあった。そして、加地さんが付け足した。

「憧れの的というと、上級生でしたよ」

「女学校のですか。まるで宝塚みたいですね。では、韓国語での憧れの的です。憧れにあたる固有語がないもんで、もっぱら〝憧憬の対象〟という表現を使います」

と伝えると西さんがつぶやいた。

「ヘエー。じゃ〝高校時代、彼に憧憬してたのよ〟になるわね。だったら、ほのかで甘酸っぱい気持ちは出ませんね」

日本語は、訓読みの和語があるから幸いである。

◎フフ喧嘩

日本へ行った時の楽しみというと、何と言っても本屋へ行くことである。これはロスに住む日本人に共通するところで、知り合いの多くが日本へ行くと何冊も買い求めるという。

ロスでも一時、日本の大手書店が競うように出店したが、出版界の不況に伴い撤退する書店が相次いだ。今では数えるほどの本屋しか残っていない。そこへ持ってきてアニメブームである。陳列される書物の八割方が漫画本という実状であるから、本屋で味わう裕福など消え去って久しい。

ここ数年は、どうしてもソーシャル・アワーで使えそうな本に手が伸びる。前回は、新潮文庫の『「サバを読む」の「サバ」の正体』と題した本に目が止まり、すぐに買い求めた。ソーシャル・アワーで喜んでいただけそうなネタが満載なのだ。この日は、その中から引っ張り出して来て披露した。

女王

と大書すると、みなさんが「ジョーオー」と声を一つにした。

「もう一度お願いします」

「ジョーオー」

みなさんは、何を今さらという表情だ。

「私も今の今までジョーオーと言ってきました。ですが、正しくはジョオーらしいです。考えてみると女子、女医、王女、みんなジョですね」

すると、緑川さんが先陣を切った。

「なるほど。ですけどね、先生。私はジョーオーのままで良いわ。今さら直したって先も見えてるし」

それもそうだ。私も直そうとは思わない。続けて〝夫婦〟と書いたところ、「フーフ」の合唱となった。

「私もフーフです。ですが、これもフーとは読まないそうですよ。ジョーフという時もフです」

すると加地さんが、「先生、そのジョーフのフはどっちのフですか」と来た。

「面白いところを突いてきましたね」

と言って、白板に〝情夫　情婦〟と書いた。

「どっちもジョーフ。同音異義語の典型ですね。耳にしただけでは区別がつきません。ということで、夫婦はフフだそうです」

すると緑川さんが、「そんな殺生な。フフ喧嘩じゃ、間が悪くていけないわ」と続いた。

ここで少し韓国語事情を挟もう。韓国語でも、日本語と同じような問題が生じるのだ。情夫も情婦も정부である。韓国語も同音異義語のオンパレードなのだ。ところが漢字を放棄したため、情夫も情婦も姿を消し、どちらも「정부」として目に入ってくる。同音で同字でありながら意味が違うという支離滅裂が生れたのである。

例を挙げて説明しょう。韓国語の国語辞典を広げ、원인という言葉を引いた。次のようにある。

원인（原人）――
원인（原因）――
원인（援引）――
원인（猿人）――
원인（遠因）――
원인（願人）――

원인（won-in）と耳に聞こえ目に見える韓国語の言葉には、何と六つの異なる意味があるのだ。ご丁寧に各々の言葉には漢字が施されてある。我々にとっては、漢字を見ると一目瞭然である。言葉の意味の説明を読む必要などない。ところが韓国語は、その一目瞭然を失った。一九七〇年代から韓国人は漢字教育を受けていないのである。ほとんどの国民が漢字を解さない。

そうすると何が起こるか。最も馴染みの深い言葉だけが残ることになる。原因がそれである。漢字を放棄する前には、原人、原因、援引、猿人、遠因、願人という六つの異なる語彙だった。それが今では、원인、원인、원인、원인、원인、원인である。言うまでもない。「原因」以外は消え失せたのだ。

このような韓国語が施した失策を評して、「もったいないですね。漢字があれば一目瞭然なのですけどね」と言って終わりにした。すると、そこには西さんの一言が待っていた。

「じゃ、韓国語は百目漠然ですね」

うまいものだ。

第六章　アメリカ人の心意気

◎Honk! If you Helped JAPAN!

これは二〇一一年四月の話である。四月五日だった。三月は一日が第一火曜、八日が第二で十五日が第三だったのだ。ソーシャル・アワーは月に三回である。つまりは、ひと月のちょうど半分のところで三月の務めはすべて終ったのだ。この日は久しぶりのソーシャル・アワーとなった。まずは、L.A. Timesに載った記事のことから始めた。

三月三十一日の朝、コーヒーを飲みながら新聞を広げると、一面の一番上のところに「LOYAL VISIT」とあり、天皇・皇后両陛下の避難所訪問の写真が紹介された。

出された座布団はご遠慮され、畳に直にひざまずかれて被災者をねぎらわれるお姿が一面に大きく載ったのである。コーヒーを飲みながら、熱いものがこみ上げてくるのを感じた。そして、目頭が熱くなった。ロスに住んでいてもこれほどである。日本に住む国民の全てが大きな癒しを受けたことは言葉にする必要もないだろう。

L.A.Timesは、全米で三位か四位の発行部数を誇る新聞社だ。その読者の多くが、この写真を見ただろう。膝をつかれて被災者にお辞儀される両陛下のお姿に多くの読者が胸を打たれたと思う。これすなわち、日本という国への憧憬となるにちがいない。

白板に三月のカレンダーを書いて説明した。

日	月	火	水	木	金	土
				10	11	12
13	14	15	16	17	18	

「前回のソーシャル・アワーが三月十五日でした。きょうが三週間ぶりです。その間、今回の大震災に関連することを見て、聞いて、色々と体験しました。そんな中でたいへんユニークな体験が二つありました。そのことをお知らせしょうと思います」

と言って、白板に大書した。

HONK!
IF YOU HELPED
JAPAN!

「これは、先日出かけて行った赤十字の募金活動で私が手にしたプラカードの文句です」

「ホオー」

赤十字の募金運動が、三月十七日に市庁舎のすぐ横で催されると知った。ボランティアを探しているという。

「これは願ってもないことです。大震災発生後、何の助けもできない自分を歯がゆく思っていましたから」

募金活動は朝の六時から夜の六時まで行われ、ボランティアには二時間ずつのシフトが組まれるという。自分に都合の良い時間を選べるのだ。正午から午後二時までのシフトを選んだ私は、指定された駐車場へ車を乗り入れた。事前に知らせた名前と車のプレート番号を確認すると、係りの人間は、所定のスペースに車を駐車し募金活動の行われる会場へ行くよう指示してくれた。

「それにしてもアメリカという国は面白いですね。募金ですからお金が行き来するわけです。ですけど、その会場に着いても身分証明書を見せろとも言わないんですね。募金箱を手渡してくれ、〝Good Luck〟の一言だけです。懐が広いというか、大ざっぱと言うか、いい加減というか」

と言うと、西さんが後押ししてくださった。

「そうですか。まあ、それがアメリカの強さかもしれませんね。ざっくばらんな心の広さとも言えますね。それにしても先生、たいへん意義深いことをされましたね」

日本の友人から良く耳にすることがある。日本では実際のボランティアに携わるまでの手続きが大変で、その複雑さに音を上げる人も少なくないと言うのである。

そこへ行くと、アメリカのそれは気軽なものだ。ボランティア活動が生活の一部になっていると言うことなのだろう。生活の一部だと身構えることもない。ざっくばらんである。ノルマもないので、軽い気持ちで出向き、自分のできる範囲のことをすれば良いのである。これは、やはりアメリカの持つ大らかさによるのだろうか。

Ｈｏｎｋというのは、クラクションを鳴らすという意味である。市庁舎のすぐ横を通るMain Streetでこの催しは行われた。いつもは一方通行の四車線だが、その日は二車線に狭められた。そこを通る車に募金を募るのである。

行ってみると、たぶん百メートル位の区間だったろうか、十人ほどのボランティアが思い思いに募金をお願いしていた。車からの募金であるから、ほとんどは運転席側から募金箱に入れるのだ。そっち側は、すでに何人ものボランティアで埋まっていた。

他の人と同じことをしたのでは人数が多すぎるだろうと予測した私は、主催者側が用意した「Honk! If you Helped JAPAN!」の手書きボードを掲げ、列の最後部に立ったのだ。「寄付した人はＨｏｎｋ！」を見て、多くの人がＨｏｎｋして去って行った。

「うれしかったです。Ｈｏｎｋされる度に身震いしました。たったの二時間でしたが、目くそほどでも被災者の役に立てたと思うと、すこし気持ちが楽になりました。地震発生以来、何もすることのできない自分が歯がゆかったですし、気分が相当落ち込んでいましたから」

二時間の間、Ｈｏｎｋは鳴り止むことをしなかった。それは、一日中休みなく続いただろう。

◎アメリカ人の心意気

ついで、もう一つの興味深かった話をお知らせした。

「先日、広島県人会が催した講演会に行ってきました。会員の息子さんという方を招いたんです。日系四世です。レスキュー隊に属するこの四世の彼は、今回、東北の被災地へと動員されたのです」

と言って、白板に書いたカレンダーに戻った。

「今回この方の話を聞いて、アメリカのすごさをあらためて感じました」

と言って、次のように追記した。

日本時間　三月十一日　午後二時四十六分
当地時間　三月十日　午後九時四十六分

「地震の発生は、日本時間の三月十一日午後二時四十六分ですね。すると、ここの時間は」

と言って、白板に書かれた三月十日午後九時四十六分を指した。

「そして、ここの時間の三月十一日午前四時には号令がかかったらしいです。日本への派遣を知らされたのです。地震発生後六時間とちょっとしか経ってません」

「ホオー」

この日系四世は、USAIDの管轄下にあるレスキュー隊に属すのである。USAIDを日本語に訳すと、アメリカ合衆国国際開発庁となるのだそうだ。

ウィキペディアの助けを借りると、〝一九六一年に設置されたアメリカ合衆国のほぼすべての非軍事の海外援助を行う政府組織である。（中略）国務省の監督下に置かれ米国の外交政策を反映し、「より良い生活をたてるためにもがいたり、災害からの復興、自由で民主的な国で生活できるように努力するなどの海外の人々へ援助の手を広げて」いる〟とある。

レスキュー隊は全米の二十ケ所に配置されるが、今回はバージニアから七十四名、カリフォルニアから七十四名が動員された。彼が属するカリフォルニアの本部は、引退者ホームからは三十分ほどのところである。午前九時には七十四名全員が集合し、間もなく三沢基地へと飛び立ったということだった。

「そうだ。西さんはバージニアに長く住まれました」

「はい。今住んでいるロスと、昔住んでいたバージニアからですからね」

と言って、西さんは鼻高々という様子を繕《つくろ》った。そして続けた。

「それにしても、電光石火の速さですね。国家対国家の協議ですから長くかかりそうですけど」

「そこなんです。その講演会の場に領事館の領事がお見えでした。その方に個別に聞いたところ、大きな災害が起ると政府間の交信がすぐに始まるのだそうです。今回は、アメリカから援助の打診がすぐにあったと言われました。それを日本政府が即座に受け入れたそうです」

村岡さんが続いた。

「いいことですね。何といっても一刻を争います」

救助隊を乗せた飛行機は三沢基地へと向かった。今でも米軍が駐屯しているのだろう。

もう一つ見逃せないことがある。アメリカ人の心意気ということである。午前四時に起床命令が下りたときには、隊員の割り当てはなかったという。救助隊への希望者を募るのである。すぐにその定員が埋まったそうだ。

アメリカ人の心の奥底に宿るフロンティア精神がそうさせるのだろう。大災害に瀕する場所、地域へと赴き、早く役に立ちたいという気持ちが、世界中のどの国よりも強いのかも知れない。特にそれが、長い年月をかけて友好を築き上げた日本であったなら尚更である。

「一週間の予定でレスキュー活動に参加したのですが、毎日が二十四時間中寒かったと言いました。救助作業のために懸命に動いていても寒かったそうです」

「そうですよね。雪も積もってましたもの。ロスの人だったら尚更ですよ」

とつぶやいたのは永田さんだった。そして西さんが続いた。

「レスキュー隊の人たちは防寒服を着てます。それでも寒いのだったら、被災地の方々は大変だったでしょうね」

「水道も止まり、ガスも電気も止まり、シャワーもできません。一日中寒さに震えながらの救助活動でしたが、強く感動したことがあったと言いました」

と伝えると、こわばったみなさんの表情がすこし緩んだように見えた。

「自分たちが任務を終え場所を移動するときには、住民のみなさんが列を作り、自分たちに深々とお辞儀をしてくれたそうです。身震いが起ったと言いました」

その時、みなさんの顔にホッとした様子が浮かんだ。

「当日、メディアの人もたくさん来ました。あるテレビ局のレポーターが〝何か一つ、特別なエピソードがあれば〟と聞きました」

一同、耳を澄ませた。

「大船渡の商店街を捜査していたら、カラオケ屋の女主人だったということでしたが、何もかも目茶苦茶だけど子供も家族も大丈夫だと言ったそうです。そして、〝何もないけど、これを召し上がってください〟と言って、買い物籠にたった一つ残った一袋のせんべいを手渡してくれたということでした」

◎震災関連　醤油作り

震災以来、なるべく震災に関連したことをお伝えした。大震災から二ヶ月が過ぎたのでそろそろ平生に戻ろうと思うのだが、毎日伝えられる震災関連の興味深い話を見て、見て見ぬ振りをすることはできない。

「先日、日本語放送のニュースで大そう興味深い話を見ました。陸前高田でした。何代も続く醤油造りの」とまで言って、後の言葉が出てこない。

「あれっ、こういう場合何と呼ぶんですか。醤油造りの会社、醤油造りの店。そんなことないですね。酒は造り酒屋です、造り醤油屋ってなわけにも行きません」

すると村岡さんが、なるほどという表情で口を開いた。

「本当ですね。その的確な呼び名が思いつきませんね。いつもそうなんですが、思いもよらなかったことを先生がお話になるので、良い頭の体操になります」

「ありがとうございます。ですけど、本当に何と呼ぶのでしょうね。まあとにかく、何代も醤油作りを続けたところの話なんです。今回の津波で何から何まで流されました。残ったものは何もないんです。ニュースの画面では、従業員が海辺で何かを探していました」

みなさんは何だろうという表情である。

「海辺にさらされた大樽を見つけたのですが、跡形もないほどです。そして、しきりに何かを削り取っているんです。何代も使ってきた大樽に酵母がこびりついていたんですね」

「ホオー」

予想もしなかった話の展開だったのだろう。みなさんも小さな驚きを露にした。

画面には、削り取った酵母を調べる様子が映し出された。プレハブ作りの臨時の研究所だった。

「これが使い物にならなければ、何代と続いた醤油造りの幕を閉じなければなりません。調べた結果、培養が可能だと分かったのです」

その瞬間、みなさんの顔にふくよかな笑みがこぼれた。

百年も二百年も引き継がれた酵母が大津波にさらわれ、海辺にさらされながらも生きていた。だが、酵母が残ったからといってすぐに醤油ができるわけではない。

「仕込んで寝かせなければなりません。良い醤油というのは、何年も何年も寝かせて初めてできるものです」

と伝えると、ため息に変わった。村岡さんが続いた。

「すると何年も収入がありませんね。樽も作らなくてはいけません。材料を買わなければならないし」

したところ、八田さんが付け足した。

「従業員の給料を払わなければね」

「そうなんです。まるっきり一からの出発です。この場合は一からとは言えませんね。マイナスもマイナス、大マイナスからの出発です」

そこには、もう一つ興味深い話が含まれていた。復旧するまでの間、醤油は供給するから商標はそのままにして売ってはどうかという問い合わせがあったという。

地元では名の売れた製造元なのであろう。自分で作ったものでもない醤油に、何代も何百年も続いた商標をつけて売るとは詐欺まがいだと、この何代目かは思うのである。ところが生き延びるため、従業員の将来のため、自社の醤油の復旧のため、涙を飲んで引き受ける場面は見る者の涙を誘うものだった。

「日本の伝統の味というのは寝かせて寝かせてというのが多いですから、このような境遇にさらされる人や事業が多いようです」

と話を結んだところ、村岡さんが声をあげた。

「先生、本当に興味深いお話でした。そのようなこと、何も知りませんでした」

「では、もう一つ地震のことを続けましょう。大津波以来、ガレキという言葉を聞かない日はありません。何百年も引き継がれた酵母のように、ガレキの中には大そう大事で高価な物が含まれているでしょうね」

「そうなんですよ、先生。私もいつもそのことを考えてました。避難した人たちを見ると、何も持たずに避難してますからね。金庫など持って出た人、いないでしょ」

と言ったのは、辻元さんだった。少々興奮気味である。

「いいとこに目をつけましたね。たくさんの金庫が海に沈んでいるかも知れませんね。まあ、それは冗談にしても、相当な現金が流されたと思います」

アメリカに比べると、日本の家庭というのは現金を家に置くことが多い。相当な額の現金がガレキの中に埋もれたはずである。川北さんが続いた。

「年代物の美術品なども多いでしょうね。刀、鎧冑《よろいかぶと》などをお持ちの方も多いですよ、日本には」

「そうですね。高価な陶磁器や値打ち物の絵や書、あるいは親の形見といった値段を付けられない大事な物もあるでしょうね。そこでちょっと考えました。もし自分がそういう立場になったら、何が一番大事かということを」

と伝えると、すかさず「現金」という声が聞こえた。辻元さんだ。

「現金ですか。それは心配なしです。あまり持ってないんです」

みなさんの口から優しい笑い声が漏れた。

「一番大事なのはコンピューターだと思います。この場合は、コンピューターの中身ということです。コンピューター自体は無くなっても買い換えれば良いのですが、コンピューターに詰め込んである情報ですね。顧客の情報、そして十年以上書き続けた文章ですね。これがなくなると、万事休すなんです」

地震発生以来三ヶ月が過ぎた。ソーシャル・アワーでも毎回、地震に関連したことを話して来た。そろそろ平常に戻ろうとしたが、震災関連のニュースが途絶えることはすぐにはなさそうだ。まさに未曽有の大災害である。

◎カンショウ対象地域

きょうも震災関連の話を続けた。今回の震災によって生まれたガレキには、相当な額の現金と大量の金庫が押し流されたという。

「日本語放送のニュースによると、福島県では九億七千万、宮城県では十三億二千万が見つかったそうです」

とまでお伝えしたところだった。外へと通じる南向きのドアが開いた。そこに、容赦なく降り注ぐ初夏の陽光を従えるようにして、加地さんの姿が現れたのだ。

「おっ、加地さん」

「ご無沙汰しました。まだ普通には歩けないんですけど、部屋に居ても仕方ありません。来てしまいました」

平均年齢八十六の世界である。体を患う割合も高くなる。転んで骨折というケースも少なくない。半年ほど前に心臓を取り巻く血管が極度に細くなっているのが見つかった加地さんだが、それ以来お顔を拝見することはなかった。てっきり心臓の手術を想像したが、さにあらず。

「この頃の医学の発展は物凄いんです。足の血管から金属の管《くだ》を入れて、心臓のまわりの血管へと通して行き、圧力を与えて血管を広げるんです」

「そうですか。どちらにしても welcome back です」

「ありがとうございます。あまり動いちゃいけないんですけど、ソーシャル・アワーで頭の体操をと思って」

途中で止まったガレキの話へと戻った。流された金庫や現金の八割は持ち主が特定されたということだ。現金のほとんどは財布の中で身分証明書と一緒に見つかったためだろう。また、震災後の捜索は自衛隊と警察によって行われたので、見つかった現金をポケットに入れるということもなかったという。

話の矛先を変えた。震災関連のニュースを聞いていて気になった新しい言葉のことである。放射能関連のニュースだったが、カンショョウ地点とかカンショョウ対象地域という言葉を度々耳にした。しかし、その意味がうまく思い浮かばない。ただ幸いにも、パネルに〝勧奨対象地域〟と出てきたのだ。

それを白板に書くと、「耳にしても分からなかったのが、漢字を見ると一発ですね」と村岡さんが後押ししてくださった。次は加地さんだ。

「本当ですね、先生。病人でもすぐに分かりますよ」

血液の流れが衰えているとは思えない回転の良さだ。少なくとも脳の血管の流れは活発なのだろう。

「勧めて奨励する意味であることはすぐに見えてきます」

この勧奨対象地域というのは放射能による避難区域の外の地域を言うらしく、原発から半径二十キロから三十キロ以内に住む人たちを対象とするという。強制はしないが避難を勧めるということなのだろう。

「では質問です。他にどんなカンショョウがありますか」

と尋ねると、まずは安保さんだ。

「Sentimentというときのカンショウがありますね」

さすがは帰米二世の安保さんだ。英語で戻ってきた。

「いいですね。感傷に浸るという時の感傷ですね」

すると今度は、「私にカンショウしないでよ、のカンショウ」という声が聞こえた。加地さんだ。

「おっと加地さん。きょうは調子いいですね。血管が太くなって、脳の働きが良くなったんじゃありませんか」

「そうだったら良いんですけど」

和製漢語が音読みを原則として造られたため、同音異義の言葉が大量に生まれた。コウショウという音を持つ和製漢語は二十四にも上るということは、拙著『そうだったのか！ニッポン語ふかぼり読本』に書いた。

カンショウも、コウショウに負けず劣らず数が多い。

観賞、鑑賞、観照、勧賞、感賞、全てがカンショウである。完全な勝利というときには完勝だ。南の海には環礁があり、気象を観測すると書くと観象となる

〝当事者ではないのに立ち入って口出し手出しをして、自分の意思に従わせようとする意〟の干渉に対して、〝対立するものの間にあって、その不和・衝突を和らげる意〟の緩衝もある。同じカンショウという音を持ちながら、意味は真反対という例である。

つまり、和製漢語はその音を聞いただけでは理解しにくく、その姿を通して意味が浮き彫りになるという性質を持っているのだ。

第七章

1941年12月7日

◎1941年12月7日

これは二〇〇九年十二月十五日の話である。ホールへ入って行くと、左の隅っこが妙に目障りだ。見慣れない四人の方が雀卓を囲んでいたのだった。我々が今から始めようとする事とはあまりにも不釣合いである。同じ空間の中でジャラジャラとやられたのでは目も当てられない。そして困ったことに、時間になってもホールから撤退するような素振りを見せない。

ところがである。そこにはもう一つの困難が待ち構えていた。ホールの隣の娯楽室では、カラオケの稽古の真っ最中だったのだ。この時間を受け持つようになってから半年が過ぎようとしていたが、となりの部屋から拡声器を通した歌声が聞こえて来たことなど一度もなかった。

「今日はどうなっているんですか」

それが第一声となった。すると苦りきった様子の村岡さんが、「この週末に紅白歌合戦をやるんです。だから、みなさん歌の稽古をしているのです」と言った。

ちょうどその時だった。クライマックスに差し掛かった『My Way』のうなり声が拡声器を通して荒れ狂い、壁を突き抜けて襲い掛かってきたのである。

「困りましたね。麻雀も目障りですが、このカラオケにはお手上げです。これはきついですね」

そうしたところ、何の喧騒なのという表情の高橋さんと岡野さん、そして八田がおそるおそるホールに入ってきた。これでやっと四人である。きょうは出席率がたいそう悪い。そこへ持ってきて、高橋さんも岡野さんも難聴の症状をお持ちである。平素でも聞き取りの不自由な方たちなのだ。この喧騒の中でいつも通りのソーシャル・アワーを進めるのは到底無理であることを察した。

「では、きょうは雑談の形にしましょう。まずは質問です。みなさんは何年にアメリカに来られましたか。帰米の方は、何年に戻って来られましたか」

まずは、左端に腰掛けている村岡さんのほうを向いた。

「私は一九三七年に戻ってきました」

「すると、戦争に突入する四年前ですか」

「はい。まだその当時は良かったんです。ですけど日米間の情勢がおかしくなると、私の家は小さなマーケットをやっていたんですけど、だんだんアメリカ人のお客さんが減って行きました。来るお客さんといえば、メキシコ人、ドイツ人、イタリア人でした」

「そうですか。メキシコ人は別にすると、ドイツ人とイタリア人が来るのを止めなかったというのは面白いですね。戦争当時の同盟関係を地で行っているようで」

次は、同じく帰米二世でいらっしゃる高橋さんだ。

「私は、一九四一年に戻ってきました」

いつも通りのハキハキした口調だ。高橋さんは大正八年生まれである。耳が少し遠いため、声が勢い大きくなる。話される時の抑揚も、知ってか知らずか勤労奉仕に出かける戦時中の女性のようになる。もちろん話される時の姿勢も同様で、すでに九十だというのに背中は真っ直ぐに伸びている。

「一九四一年というと、真珠湾攻撃の年ですね」

「はい」

高橋さんは日米開戦を目の前にした状況で、再び太平洋を渡ったのである。

「真珠湾攻撃の報はすぐに入ってきたのですか」

と聞くと、村岡さんが経験談を話した。

「はい。次の日の新聞に大きく報じられました。良く覚えています。私のところで新聞も売っていましたから。一面に載った大きな活字で知りました」

以前、真珠湾攻撃を報ずるアメリカの新聞を見たことがある。ある大学の図書館で見る機会があったのだ。新聞に写真を載せることも稀であった時代なのだろう。「JAP ATTACK PEARL HABOR」と書かれた大見出しだけが読者の目を引く一面であった。

一九四一年というと、七十年も前の話である。一九四〇年にテレビ放送が始まったアメリカではあるが、一九四一年の真珠湾攻撃の時点でテレビを保有した家庭の数は知れたものだったろう。世の中の動向を知るには、新聞に頼るしかなかった時代である。

何の飾り気もない紙面だったが、一面の半分ほどを占める「JAP ATTACK PEARL HABOR」の巨大な活字が、情報に乏しい当時の人たちに強烈な戦慄を与えたであろうことを想像するのは難しくなかった。

話の矛先を少々変えた。

「この年になって誕生日もないのですけど、私は先週十二月七日が誕生日でした」

と伝えると、村岡さんがすぐに反応した。

「あら、そうですか。それはたいへんですね」

次に話そうとしていることをすでに察知していらっしゃるのだ。とその時、「津軽海峡　冬景色」とうなる声が我々を襲った。騒音が止まるのを待つしかない。暫《しば》し待った。

「そうなんです。アメリカ人にそのことを伝えると、みなさんが同じ反応を見せます。苦虫を噛んだような」

と続けると、村岡さんがすぐに後押しした。

「アメリカ人には決して忘れることのできない日ですね」

「十二月七日は、日本に居る時には何の変哲もない日でした。真珠湾攻撃は十二月八日でしたから」

初めてそのことを思い知ったのは、もう三十年も前の話である。ある知り合いを訪ねた時だった。その日がたまたま十二月七日だったのだ。月並みな挨拶を交わした後で、何気なく「きょうは私の誕生日なんだ」と口にした。

彼の表情に異変が起こったのを見逃すことはなかった。怒り心頭な顔つきに変わり、「Goddamn. You JAP!」という罵りを浴びせたのである。

彼とは長い付き合いだったし三十ほど年上であったということもあり、私が慕うような形の間柄だった。だからその罵りも五〇%は冗談であるということを充分に理解しながらも、予想もしなかった罵りに慌てふためくこととなったのだ。

私はこのことに、人間の本性を見るのである。日本では真珠湾攻撃の十二月八日を記憶する人の数は知れたものだろう。ところが米国では、十二月七日を忘れる人はいない。

八月六日と八月九日が原爆記念日であることを覚えていない日本人などいないだろう。ところが米国では、原爆投下の日を覚えている人を私は知らない。害を加えたことは忘れるが、害を被ったことは頭の中から消え去ることはないということなのか。アメリカに渡ってきて初めて気づいた人間の本性である。

話を高橋さんに戻そう。日米開戦を目前にして再び太平洋を渡ったのは良いが、戦争が始まると強制収容所での生活が彼女を待ち構えていた。アメリカ政府は、西海岸の三つの州に居住するすべての日系人を強制的に収容所へと送り込んだのである。敵性外国人と見なされ、収容所で隔離された日系人は十二万近くにも及んだ。

有色人種への差別がいまだ野放図だった時期に移住した一世、米国籍を有するアメリカ生まれの二世と三世、日本人の血が流れている者であれば容赦をしなかった。根こそぎ収容所に送られたのである。わずか十六分の一ほどでも日本人の血を受け継いでいればその対象になったという。根こそぎという言葉は、すこぶる妥当な形容であるはずだ。

北はワイオミングから南はアリゾナ、東はアメリカ中南部に位置するアーカンサスを含む七つの州に、十ケ所の収容所が設けられたのだった。

ワイオミング州というと、アメリカの中でも人間文明を最も疎遠にするところである。ロッキー山脈の一角に位置するこの州は、大自然がそのまま残っているところでもある。ロッキー山脈の一角というと、冬は人を寄せつけない極寒である。そのことを物語るかのように、当時の一マイル（約一・六キロ）四方の人口密度が一人だったという。七十年以上が経過した現在も、人口密度が二人に満たないのだそうだ。昔も今も、人が住むには過酷すぎる所ということができる。村岡さんはそこへ送られたのである。

アリゾナはというと、すぐに思い浮かぶものはサボテンであろう。砂漠とサボテンがこの州の象徴である。夏の極暑、冬の極寒が砂漠特有の気候であることは言うまでもない。

「すると高橋さんは、強制収容所に入るためにアメリカに戻ってこられたようなものですね」

「そうですね」

高橋さんは寡黙でいらっしゃる。声を立てずにかすかな笑みを浮べた。そして続けた。

「私は暑いのが苦手だったたですから、アリゾナだけには送らないようにと祈ったんです」

背筋を伸ばして、あくまでも教官に報告するような語り口である。

「で、祈りはちゃんと叶いましたか」

「はい」

その時だけは、はちきれんばかりの笑顔を発散させた。まるで、人気グループの無料コンサート・チケットが当たってはしゃぎ回る女学生のように。

「マンザナーでしたから、助かりました」

女学生のような笑みを浮かべた高橋さんの声は上ずったままだ。ところが私は、「あのマンザナーですか」と聞き直さざるを得なかった。

日本時間の一九四一年十二月八日、日本帝国海軍による真珠湾攻撃成功の報に日本国中が歓喜した。そのような日本とは裏腹に、真珠湾攻撃の報は、アメリカで生活基盤を築き上げた日系人を奈落の底へと突き落とすものとなった。

真珠湾攻撃に端を発した太平洋戦争勃発後、アメリカ政府は日系人社会を対象とした戒厳令を即座に施行した。そして戦争勃発から数ヵ月後の一九四二年三月には、アメリカの西海岸（ワシントン州、オレゴン州、カリフォルニア州）に居住するすべての日系人を強制的に隔離するという方策が打ち出されたのだった。

営んでいたビジネス、所有する不動産は二束三文で売却するか、放ったままにする以外の方法を持たなかった。短時間での強制退去を命じられた彼らは持つものも持たず、地獄行きの夜行列車に乗り込むような心持ちだったにちがいない。

西海岸に居住した約十二万人の日系人のうち約九千人は、カリフォルニア州中部に位置するマンザナー強制収容所へと移送された。

カリフォルニアの響きから受ける印象というと、さんさんと降りそそぐ太陽の光、限りなく続く白い砂浜、青空にむかって伸びる椰子の木、常春の楽園などかもしれない。しかしカリフォルニア州南半分の内陸部は、想像しがたい面積を荒涼たる砂漠が占めている。ロスから車で一時間も行くと、砂漠が広がっているほどである。

マンザナー強制収容所は、その広大な砂漠地帯の一角に臨時に建てられたバラックの一群だったのだ。砂漠の夏は灼熱の太陽が地面を焦がすのである。冬は酷寒の大気が生物の生気を奪うのである。

以前、このマンザナー強制収容所の跡地を訪れたことがある。今は当時一万人近くを収容したバラック群はなく、荒涼とした砂漠に戻っていた。まるで、すべてが大自然の中に吸い込まれて行ったかのように。七十年ほど前に人間が生活を営んでいたことを物語るものは何も残っていなかった。

人間の文明を裏付けるものというと、突風の音に消されて遠景の一角を無言のまま駆けていく車と、真っ青な空をキャンパスにして時々音もなく描かれていく飛行機雲ぐらいである。聞こえてくるのは風の音だけだった。


この間にもマイクを通した唸り歌声は衰えることをしない。次は八田さんに話しかけた。

「八田さんは鹿児島でお生まれになりました」

「はい。隼人です」

「アメリカへはいつ来られましたか」

「一九六六年です」

ゆっくりではあるが、はっきりとした口調で言われた。

「当時はまだ船でしたか」

「はい」

すると、となりに座る岡野さんが首を横にして尋ねた。

「何週間くらいかかったの」

「さあ、何週間だったでしょう。良く覚えてませんけど、なんとも波のすごかったことか。生きた心地がしなかったですよ。船酔いで戻してばっかりで、注射ばかり打たれました。それで注射代がかさむだろうと心配で仕方なかったのですが、請求されませんでした」

と言われた後、はちきれんばかりの笑顔を発散させた。よっぽど爽快な思い出として残っているのだろう。

「それがですね、面白いんです。生きた心地がしないほど船酔いしたんですけど、ハワイに着いた途端、すっかり元気になりました。やっぱり人間、陸地にいなきゃだめですね。おかげで、ハワイをじっくり見物させていただきました」

今度は、当時を懐かしんで天真爛漫な笑い声をふりまいた。

残るは岡野さんである。

「岡野さんは兵庫県の篠山でお生まれになったのでしたね。何年に日本を離れられたんですか」

と聞くと、「私のはちょっと複雑なんです。日本を離れたのは一九五五年なんですけどね、アメリカに着いたのは一九五九年でした」と急《せ》き立てられるように答えた。

「ほー。いくら船旅だからと言っても、太平洋を渡るのに四年はかからないですよね。どういうことですか」

「私は戦後、米軍将校の家庭にメイドとして入ったんですよ。何年もそちらで働きました。そうしたところ、その将校はドイツへ転属することになったんですね。私は家族も同然になっていましたから、一緒に行かないかということになったんです」

「へエー」

「家族に相談しましたが、猛反対でした。だけど、自分としては行きたかったんです。将校の家族とは気心も知れてますし、世界を色々見てやろうと」

「岡野さんもその頃はお若かったことでしょうし」

「そうですよ。世界を見たいという乙女心に火が灯ったとでも申しますか」

嫁入り前の乙女を乗せた熱田丸は神戸港を後にした。沖縄の横を下り、南シナ海を南下して、マラッカ海峡を突き進んだのだろう。

「インドの下を回って、スエズ運河を通って、マルセイユに着いたんです」

当時をなつかしむ口調である。

「フランスですね。地中海の港ですよ。いいところなんでしょうね」

「まあ、それは綺麗でしたよ。すべてが初めての経験ですからね、見るもの見るものすべてが珍しくて綺麗でね。楽しかったですよ」

マルセイユから列車に乗り、着いたのはドイツである。そこで二年、そしてイタリアに二年滞在したという。

「あれ。両方とも日本の同盟国ですね。戦後処理の任務といった雰囲気に聞こえますが、当時、まだ戦争の傷跡が残っていましたか」

「ほとんど傷は癒えていたけど、時々ありましたね」

その後、アメリカへ移られたという。この将校の家族にとっては待ちに待ったふるさとへの帰国である。一九五九年のことだったそうだ。もちろん、家族も同然の岡野さんも一緒だった。

「だから日本を離れたのは一九五五年で、アメリカに着いたのは一九五九年なんですよ」

「それはそれは。長い放浪でしたね」

「それがね。放浪はそれからも続くんです。まずニューヨークに配属されてそこで数年過ごしたんですけど、軍の仕事ですからね。転勤に次ぐ転勤ですよ。シカゴでも住みましたよ。寒くてね。寒いところを転々として、やっと暖かいロスに着いたんです」

「いやー、すごいですね。岡野さん、本を書かれるといいんじゃないですか。題名は『細腕放浪記』で決まりでしょう。何冊でも書けるんじゃないですか」

「実を言うとね。以前思ったことがあるんですよ。書いてみようかしらとね。だけどたいへんですよ、文章を書くというのは。そうだ。先生、書いてくださいませんか」

「いやー、それは無理でしょ。ご本人じゃないと味が出ませんよ」

お年寄りの話を聞くのは大そう楽しい。自分をよく見せようとか、自分を大きく見せようとか、自分を飾ろうということとは無縁なのだ。みなさんの話を通して、さとりの境地を味わうのである。みなさんから放たれる話の端々に、まろやかで心温まる余韻が残るのだ。

予想もしなかった麻雀とカラオケの同時進行という喧騒のため、いつもとは趣を異にするソーシャル・アワーとなった。ソーシャル・アワーのために用意した話題を伝えることはできなかったが、災い転じて福である。味わい深いみなさんの話を聞かせていただき、裕福を満喫した一時間となった。

◎『二つの祖国』

前日から降り続いた雨だったが、引退者ホームに到着した二時半には、まるでソーシャル・アワーに合わせたかのように止んだ。この数日間、大量の湿気を含んだ寒冷前線がアメリカ西海岸を立て続けに襲ったのだった。

このように書くと、驚かれる方が多いかもしれない。アメリカの西海岸、特に南カリフォルニアは、雨とは無縁の場所と思われがちある。常夏の地あるいは常春の地と呼ばれる当地だが、冬がまるで存在しないということではない。日本と比べるとぬるま湯のような冬だが、十二月から二月までは当地もウィンターなのだ。

冬の間に何回かはアラスカからの寒気団の影響を受け、温暖なはずのロス近郊の山々も雪をかぶる。その大雪のため、ロスへと通じるフリーウェイが全面封鎖されるということも起るのである。

ここ南カリフォルニアのフリーウェイには、トンネルというものがほとんど存在しない。大山塊であろうと大渓谷であろうと、トンネルを掘ることをしない。岩壁を砕き、岩盤を削り、岩石を掘り出して鉄筋を打ち込み、コンクリートを流し込んで、片側四車線も五車線もあるフリーウェイを作り上げていく。

サンフランシスコ以南でトンネルのある幹線道路を走った記憶がない。良くは分からないが、自然を克服して、それを支配下に入れるという開拓精神に基づくものなのかと想像したこともある。

カリフォルニア州内にはフリーウェイ・システムが縦横に張りめぐらされてある。その内の一つが、メキシコとの国境からカナダとの国境までを貫通し西海岸沿いの三つの州の主要都市を結ぶ五番フリーウェイである。

この幹線道路が、アラスカからの寒気団の来襲によりロスの近郊で閉鎖されるのだ。ロスの北側にそびえる小山脈をぶち抜いたフリーウェイの最高通過点は一二五〇メートルである。ロスから一時間も離れていないところで閉鎖されるのである。

冬の間に一、二度訪れる積雪点九〇〇メートル以下という大寒気団が通過する折には、大山塊がすっぽり暴雪に包まれる。道路に積もる数十センチの雪のため、全車線通行止めという事態に陥るのである。数珠つなぎになって立ち往生する車の群れがテレビに映し出されるのも年中行事になっているほどだ。温暖な気候で知られている場所でありながら、自然の猛威を知らされることにも事欠かないところである。

着くと予想した通り、本館のビデオ室でやると教えられた。三月から十一月までの間ほとんど雨に濡れることのないロスでは、傘をさして外を歩くことが億劫に感じるというところがある。本館からソーシャル・アワーを行うリクリエーション・ホールのある建物まではほんの二十メートルほどだが、雨に濡れたコンクリートに滑って骨折ということにでもなると一大事である。

三月から十一月までほとんど雨に濡れることがないと書いた。そのことを如実に表す数字があるので書き記そう。地元球団ドジャースが本拠地をニューヨークからロスは移したのは一九六二年であるが、それ以降、雨で中止になった試合がわずか十七試合であるという。それほど雨が降らないのである。

「きょうは、一冊の本を持ってきました」

と言って、『二つの祖国』という文庫本をお見せした。すると、「読みましたよ」と口ずさむ声が聞こえた。長テーブルの一番端に座った西さんだ。そして、「良い本でしたよ」と続いた。

「私は小説をあまり読まないんですけど、この本はたいへん面白く読んでいます。あ、すいません。面白いという表現は正しくないかもしれませんね。日系人社会の苦労、日系人の受けた差別を書いているわけですから」

『二つの祖国』と題したこの本の存在は以前から知っていた。ただ題名からして、朝鮮半島と日本、あるいは中国と日本という枠組みの中で書かれたものとばかり思ってきた。日本では、朝鮮半島と中国を祖国とする者を対象とした書き物が少なくなかったからである。ということで、食指が向かないままだった。

「一年ほど前、日本の友人を通して日系アメリカ人のことを書いた小説だということを知ったのです。そこで、読んでみようと思い日本町の本屋に出向きました。ところが陳列されているのを見ると、分厚いのが四巻まであるんです。一巻五百ページを越える枚数なんです。買うのを思いとどまりました。ちょっと長すぎます」

「長いですけど、たいへんためになる本でしたよ」

と続いたのは、言うまでもなく西さんである。

「そうしたところ二週間前に、友人の一人が是非読むようにと貸してくれたんです。私もソーシャル・

アワーを受け持つようになってから日系社会に対しての興味が増してきました。村岡さんや高橋さんのような帰米の方からも色々なお話を聞くことができるので、もっと知りたいと思うようになったのです」

高橋さんは、きょうはお見えでない。

「物語の主人公の家族は高橋さんがいらしたマンザナーに収容されたのです。収容所内での生活の模様が詳しく書かれてあります。村岡さんが収容されたハート・マウンテンのことも出てきます」

と村岡さんのほうに目を移すと、「そうですか」と言って目を輝かせた。

「ハート・マウンテンは以前お知らせしましたが、ワイオミング州にあるんですね。ワイオミングと聞くと、雪と荒野くらいしか思い浮かびません。ちょっと調べてみました。いやー、すごいところにあるんですね」

「そうですね。寒かったです」

寒いどころの話ではない。北緯四十四度四十分とある。日本ではどの辺だろうかと調べたところ、日本の最北端の町、稚内が北緯四十五度二十分である。ほぼ同じ緯度だ。

「宗谷岬の近くにある町と同じ緯度ですよ。寒いでしょうね。半端じゃなかったでしょう」

一同、驚きの表情を一つにした。

「村岡さんはこの温暖なカリフォルニアにお生まれになり、日本へ移られたのも瀬戸内の岩国ですから気候的には温暖です。それが一変してワイオミングですから、大変だったでしょうね」

ところが村岡さんは、まるで他人事《ひとごと》のように「寒かったでしょうね」とだけコメントされた。ただ、もうすこし聞きたいというみなさんの気配を感じ取ったのか、「もう七十年も前の話ですからね。正直、思い出せないんです」と言われた。

◎収容所の孤児院

二〇一〇年の十一月の話である。この日は開口一番、「過ぎた週末、マンザナーへ行ってきました」と告げた。

「えっ。あのマンザナーですか」

「はい。あのマンザナーです。三時間半ほどの所です」

マンザナーは、太平洋戦争の勃発以降に設けられた十か所の日系人強制収容所の一つである。ロスに最も近いためか、知名度も一番高いようである。

日本でも、山崎豊子作の『二つの祖国』、その原作を基に作られた大河ドラマ『山河燃ゆ』を通してマンザナーを知った人も少なくないかも知れない。

また、『九九年の愛』の舞台になったのもマンザナーだった。そのマンザナー強制収容所跡地を復元させるボランティアへの参加だったのだ。

ロスという都会には大きな日系人社会が形成されている。そのため、強制収容所の存在が自ずと身近に感じられる場所である。少なくない数の強制収容所体験者を知る身であり、ソーシャル・アワーにも何人かの体験者がいらっしゃる。歴史を保存し守ろうとするこのような動きには何とか一助を捧げたいものだが、何といっても遠い。

「ボランティアは土曜の朝、八時半の集合です。ぶっ通しで運転しても三時間半の道のりですから、朝起きてから出向くというわけには行きません」

宿は、マンザナー強制収容所の手前十四キロのところにあるLone Pineでとった。カリフォルニア州の最高峰、Mt.Whitneyへの登山口として名を馳せる場所ではあるが、その中心部をはずれると人間の住む形跡などどこにも見当たらない荒野となる。

Mt.Whitneyの四千四百二十一メートルを筆頭に四千メートル級の山々が連なる山脈を背にしてマンザナーはある。向い側には、木の一本も生えていない茶褐色の丘陵が続く。その間に長く伸びた荒野にマンザナー強制収容所は位置した。

「村岡さんはワイオミング、永田さんがコロラド、川北さんが」

「私はアリゾナでした」

「それはそれは。暑かったでしょうね」

「はい。とても」

まるで、他人事《ひとごと》のような調子だ。

「川瀬さんはこちらでお生まれになりましたが、日本が長かったですから収容所へは行かれてない」

「はい、行ってません。ですけど主人がマンザナー出身でしたから、マンザナーへはよく行きました」

「そうですか。そういえば、高橋さんがマンザナーだったですね」

高橋さんのことである。大正八年にお生まれになった帰米二世の高橋さんは、同じ広島出身ということで親しみを感じてもいた。

ソーシャル・アワーを受け持つようになってから、頭にこびり付いて離れないことがある。みなさんの死を知らされた時にどのように対処すべきかということである。ソーシャル・アワーを始めて一年半が過ぎた頃だった。高橋さんの死が初めての体験となったのだ。ただ、亡くなられてから二、三ヶ月後に知らされたのは救いだった。

「高橋さんが話されていたのを思い出します。暑いのが苦手だったので、アリゾナだけには行きたくなかったと。そこで一生懸命お祈りされたそうです。少女のような高橋さんの笑顔が思い出されます。今回、マンザナーで頭を下げてきました」

太平洋戦争の終結とともにその役割を終えたマンザナー日系人強制収容所は、その後解体され自然界へと戻っていった。十数年前に訪れたときには、西部劇に出てくるような荒れ果てた原野が広がっているだけだった。

ちなみに一夜を過ごしたLone Pineという町は、西部劇の撮影拠点として一世を風靡したところである。往年の名優ジョン・ウェイン、ビング・クロスビーなども撮影に訪れたという。新しいところでは、二〇〇〇年度のアカデミー賞最優秀作品賞に輝いた『Gladiator』もこの地でロケを張ったのだそうだ。

炎天下で行われたボランティア作業はたいそうきついものだった。収容所の復元作業の一環として、当時あったアスファルト道路の修復するためだったのだ。これが一筋縄では行かない。七十年ほど前にあったアスファルトは粉々になり、根深い灌木がはびこっているのだ。

川瀬さんがすぐに反応した。

「あれはtumble weedと言うんです。日本語ではどう言ったでしょ。転び草だったかも知れません」

西部劇の中で、突風に吹かれてゴロゴロと転がる円盤の形をした灌木がそれである。

「その転び草を刈るのですが、これがたちが悪いんです」

すると、川瀬さんがうなずきながら続いた。

「そうなんです。砂漠に生きる植物ですから、茎が固いんです。大きいのは人間の背丈ほどもありますし」

それにしても植物の威力というのは考えも及ばないものである。tumble weedの刈り取りが進むと当時の道路の形跡がかすかに見えてきたが、アスファルトは見る影もなくぼろぼろに砕けていた。もう少し収容所の話を続けた。

「復元された二棟のバラックと一棟の食堂以外には、当時一万人を越える人を収容したという痕跡を探すことは難しくなっています。転び草がはびこる収容所跡は、すぐにでも西部劇の撮影に使えるほどの荒野となってます。そして、そこに半分に割れたビー玉がありました」

「じゃ、七十年近く前のビー玉ですね」

「はい。そして、そのビー玉が見付かったところが、収容所内の孤児院の近くだったのです」

「えっ。収容所の中に孤児院があったのですか」

思いがけない話だったのだろう。村岡さんが驚きに満ちた声で聞いた。

真珠湾を攻撃されたアメリカは、日系社会のリーダー格の人物を根こそぎしょっ引いて行ったのだった。関三脚氏が編者として出版された『—喜怒哀楽の日系百年史—　北米川柳道しるべ』から拝借する。

〝人数の割りに人物無きキャンプ〟

この句の意味する所は深い。日本軍支援団体の関係者や教育者、武道、仏教（特に天理教や神道系）などでブラック・リストに載る約七千人は、十ケ所の収容所ではなく、司法省管轄のクリスタル・シティ、ミゾラ、サンタ・フェなど十九施設に、スパイや戦犯の扱いで隔離されたのだ。

残された家族は露頭に迷った。夫の行き先も知らされず、生死も知らされず、妻たちは残された家族を連れ、強制収容所ができるまでは競馬場の馬小屋に詰め込まれた。

その完成後には砂漠の収容所へと、ロッキー山脈の真っ只中の収容所へと強制的に送られたのだった。大黒柱のいない不安、家族の将来への不安に耐えきれなくなり、自ら命をたつ女性が少なくなかったという。

マンザナー収容所周辺を管理するレンジャー（森林監視員）部隊に知らされた。これは、残された子供たちのための孤児院だったのだと。

◎『北米川柳道しるべ』

この日は『―喜怒哀楽の日系百年史―北米川柳道しるべ』を参考にして話すことにした。これはロスの川柳界を長年リードされた関三脚氏が編んだ冊子で、川柳を通して日系百年史を綴ったものである。

一八九六年のシアトル航路、一八九七年のサンフランシスコ航路の開設から現在にいたるまでの日系社会史を川柳を通して浮かび上がらせた作品だが、このうちの戦前・戦中に的を定め、みなさんにお伝えすることにした。

「一九四一年十二月七日の早朝、日本は真珠湾のアメリカ太平洋艦隊を奇襲します。ところでと。十二月七日はもう一つありましたね。なんの日でしたか」

「先生の誕生日」

「おっと、加地さん。覚えてくださいましたね」

「そりゃ、あれだけ何回も言われるとね」

パール・ハーバーへの奇襲の後も〝「大本営」は短波放送で、「アメリカに住む日本人は動揺せずに六ケ月の辛抱を！」と呼びかけた〟そうだ。そしてこれはあまり知られてないことだが、〝真珠湾攻撃の二ケ月半後、日本の潜水艦がサンタバーバラ沖から製油所を銃撃、被害はかすり傷程度だったが、アメリカは「本土上陸」の危機感を募らせた。これにより日本人収容が加速されたとも言う〟とある。

このことを伝えると、西さんが形相を変えて「それ本当ですか。初めて知りました」と質《ただ》した。西さんでさえ初めて知ることだったのだ。日本人のほとんどは、日本がアメリカ本土を襲撃した事実を知らないだろう。ちなみにサンタバーバラは、ロスから車で二時間ほどの所に位置する海岸沿いの保養地である。

ここで一つ付け加えておこう。ワイオミングのハート・マウンティン収容所跡を訪れた時に知った話である。そこから一番近い町で聞いたのだが、戦時中に日本空軍への対空演習をしたというのだ。これはロスでもサンフランシスコでもない。ロッキー山脈の真っ只中にある片田舎の話なのである。アメリカも日本を大いに恐れていたのだろう。

一日にして敵性外国人となったアメリカ西海岸に住む日系人の全ては、居住地からの立ち退きを強制された。しかし十数万人を収容できる施設の造成もままならず、まずは方々の臨時収容所へぶち込まれたのである。ロスの近郊では、サンタアニタ競馬場だった。ロスの市庁舎から三十分ほどのところにあるこの競馬場には、約二万人の日系人が仮収容されることになる。約半年の間、仮設バラックや馬小屋に雑居することになったのだ。

そこで詠まれた川柳の中から紹介した。

〝一時間待った食事の軽い皿〟

〝馬小屋に住んでニンジン喰はされる〟

続けて〝食堂で別れた女と顔が合い〟と読み上げると、みなさんの顔がほころんだ。

「それにしても日本人というのは面白いですね。罪もないのに馬小屋にぶち込まれるという理不尽な目にあいながら、ユーモアは忘れないのですからね」

〝景色など気にせず引かれ行く身なり〟

この句を身を持って体験されたのが村岡さんである。サンタアニタの馬小屋で約半年過ごされた村岡さん一家は、強制収容所の完成と共に汽車に乗せられた。どこへ行くとも知らされず、ブラインドで締め切られた汽車の中で三日三晩揺られたという。

「三日三晩走り続けでしたから、東海岸へ着いたのだと思いました。ですが、降り立った所は見渡す限りの荒地で、人の住んでいる気配は全然ありませんでした」

村岡さん一家が着いたのは、ロッキー山脈の真っ只中にあるハート・マウンテン収容所だった。世界地図を広げると、ロスからそこまでは、広島から宗谷岬の先っぽまでがすっぽり入る距離である。そして、道なりもほとんど同じなのだ。

景色を見せない輸送列車は三日三晩走り続けた。地獄への片道切符という表現を用いたとしても差し支えないかも知れない。

〝一万の都市に自動車（くるま）のない不便〟

当時、ワイオミング州の一マイル（約一・六キロ）四方の人口密度は、たったの一人だったそうだ。

「はい。いくら見渡しても人の家など見えませんでした」

「そして現在でも、一マイル四方に二人だそうです」

と続けると、みなさんは「ワアー、寂しいね」と応えた。

ハート・マウンテンには一万を超す日系人が収容された。そのためハート・マウンテンは、にわかにワイオミング州第二の都市となったのである。車の一台もない一万人の人口を有する都市というのは、世界中どこを探してもなかったろう。

『―喜怒哀楽の日系百年史― 北米川柳道しるべ』に載った句と説明文を、もう二つ紹介して終わりにしょう。一つはサンタアニタ競馬場に臨時収容された折に、そしてもう一つは強制収容所にて詠まれた句である。

〝サンタニタ傾く月に探照灯〟

戦意高揚のためか、深夜に国籍不明機発見！などと遠くで高射砲が轟く。アメリカ人も恐々と日を過ごしている。こんな時でも、例外の「変わり者」がいたので記しておこう。バーバンクのディズニー・スタジオは、屋根に巨大な矢印「↓」を描いた。近くにロッキードの飛行機組み立て工場があったので、日本軍に誤爆されないよう「的はあちら」と方角を示したわけだ。さすがユーモアを忘れぬディズニーに脱帽しておく。

〝蓄音機編み針が止む李香蘭〟

李香蘭（山口淑子）は歌手かつ女優。「シナの夜」は空前のヒット、「蘇州夜曲」「上海の花売り娘」など中国を舞台に歌った。後年、イサム・ノグチ（工芸家）と結婚したが、彼はボストンの収容所にいた時に彼女のレコードや噂を聞いたかも知れない。

第八章　月から太陽への改暦

◎洗濯石鹸

ソーシャル・アワーが始まって間もない頃の話である。その日はコンピューター室を使うよう指示された。そこで、始まる十五分前にはコンピューター室に入り机に向った。予習のためである。すると間もなく、加地さんがお見えになった。

「先ほどテレビでアルコール依存症の事を話してました」

「日本のテレビですか」

「はい。NHKの放送です。男性に多い症状で、定年になってすることが無いので家に閉じこもる」

とまで言われたところで、村岡さん、辻元さん、川北さんが一挙に入ってこられ話の輪に入った。

定年まで働きづくめのため、退職すると何もすることがないのだという。現役時代には晩酌を欠かさなかった層である。家に居てもすることが無く、昼間から飲むのだという。それがアルコール依存症の原因だそうだ。

「六十五歳の定年じゃ早すぎるんです。この頃は七十五でも皆さんしゃんとしてらっしゃいますから」

と加地さんが続けた。これをきっかけにして齢の話となった。この時間を受け持って間もない時である。みなさんの年齢を把握するまでには行っていない。

「ところでみなさんは、七十五を過ぎてらっしゃいますか。村岡さんが大正八年で九十歳というのは覚えていますが」

と伝えると、ご冗談をという表情の川北さんが、「じゃ、私より一つ下ですね。私は大正七年生まれですよ」と言われた。その時だった。加地さんから突拍子もない質問が放たれたのだ。

「先生は戦後の生まれですか」

「えっ、・・・・。は、はい」

大そう戸惑った。戦後生まれであるかという質問を受けたことなど、この年になるまで一度も無かったからだ。

「戦後も戦後、二十七年生まれです」

「そうでしたか。私の孫のようなお年ですね」

と言われたのは、満面にこぼれんばかりの笑みを浮かべた村岡さんだ。辻元さんが続いた。

「二十七年というと、戦後の混乱から復興し始めた頃だね」

その辺のことは良く分からない。昭和二十七年生まれだが、思い出せるのは六歳か七歳位からである。戦後の混乱、ひもじさという経験をした記憶がないのだ。

「ただ電気釜などはなく、かまどでご飯を炊いていたのは覚えています。テレビがあったのは近所に一軒。近所の人たちが一同に集まって見てました」

「そうだったね。近所のみんながその家に集まって力道山を見たのよね」

「私は小学生でした。力道山は銭湯で見ました。金曜の夜八時開始で、銭湯の更衣室は溢れんばかりの人でした」

次の日に学校へ行くと、くしゃみのオンパレードだった。風呂上りに見るのだから、プロレスが終る頃には身体が冷え切ってしまう。

ソーシャル・アワーの開始時間までには余裕があった。そのまま昔の話を続けた。

「あの頃の洗濯機は洗いとすすぎだけで、脱水装置がありません。濡れた洗濯物をローラーにはさみグルグルまわして絞りました。それが私の役目でした。今考えてみると、家の手伝いを良くやりました」

すると、辻元さんが大きくうなずきながら続いた。

「そうそう。家族みんなでね。そう言えば、洗濯機が登場する前は洗濯板を使って洗濯してたわね。手でつかめないほど大きな洗濯石鹸でね」

洗濯機で思い出すのは、ある方から聞いたアメリカ事情である。その方は、就職した会社からアメリカへの留学を命じられたという。留学先は中西部のイリノイ大学だった。一九五四年の話である。

「ある一般家庭を訪ねたところ、洗濯機と乾燥機があるのを見て目の玉が飛び出るほど驚かれたそうです」

乾燥機があるということは、一台で洗濯、すすぎ、脱水をまかなう洗濯機がすでに普及していたということである。一九五四年というと、日本では右に書いた初歩的な洗濯機さえも珍しかった頃にちがいない。洗濯機と乾燥機が備えつけられているアメリカの家庭を目の当たりにしたこの方は、その時にアメリカのすごさを身を持って感じたと言われた。

◎大相撲ロス場所

この日はドジを踏んだ話から始めた。その前の日は太鼓のパフォーマンスがあり、五時半の集合だったが三時には家を出た。会場のスポーツ・アリナは車で三十分ほどの距離だが、フリーウェイの混雑を見据えての策だった。

ドジの話である。準備万端整ったのでガレージへと向かった。ところが、ノートとペンを入れた書き物袋がないことに気が付いたのだ。

「家に戻ったところ、忘れないようにと置いておいた玄関にそのままありました。ところがです。袋を手に提げたところで急に催したんです。小でしたけど」

すると、みなさんの真剣な顔は大きく崩れた。

「片手で用を足すわけには行きません。書き物袋をキッチン・カウンターの上に置き、トイレに駆け込みました」

みなさんは、まるでおっちょこちょいの孫を見るかのような眼差しでくすくすと笑っていらっしゃる。

「早く着き過ぎたので、スターバックスへ寄りました。ところが、肝心の書き物袋が見当たりません」

「用を足してスカッとして忘れちゃったんだ、きっと」

と、殊更に笑いを抑えた辻元さんが続いた。

かと言って戻るわけにはいかない。久し振りである。何もせずにボサーっとコーヒーを飲んだのは。

ここで、少しばかり自己紹介を差し込もう。小生、和太鼓に励む者なのだ。プロではないが和太鼓グループに属し、様々な催しに呼ばれて人前で叩くのである。

最も大きかったのは、ドジャース球場で行われたWBCでの日本対韓国の決勝戦だったろう。そのイベントを筆頭に、ハリウッド・ボールや五万人収用のアナハイム・スタジアムでも叩いた。まさにこれが、ロスという大都会に住む恵みと言えるかも知れない。地方の小都市ではこのような恩恵は巡ってこない。

「ということで、きのうの夜は太鼓演奏でした。みなさん、スポーツ・アリナご存知ですか」

と尋ねると、まずは村岡さんだ。浮き浮きした声で、「はい。そこでスキーを見ました」と言われたのだ。

「えっ、スキーですか」

いくら一万六千人を収容するアリーナとはいえ、スキーというわけにはいかない。そうしたところ、たまたま茶の用意をしていた萩本さんが、「村岡さん、それはフィギュア・スケートですよ。ミシェル・クワンのショーだったでしょ」と説明を加えてくださった。

「あっ、そうそう。彼女のスケート、素晴しかったです」

「ありがとうございます。私は少々泡を食いましたよ」

「すみません。私がドジを踏みました」

さすがは村岡さんだ。話したばかりのドジをすぐに活用されたのである。

八四年のオリンピック主会場となったコロシアムに隣接するこの室内競技場は、そのオリンピックでも大きな役割を果たした。そして、日系社会とも結びつきがあるのだった。大相撲ロサンゼルス場所は一九六四年を皮切りに、七六年、八一年、そして二〇〇八年と、毎度このスポーツ・アリナで開かれている。

「六四年というと、栃錦、若乃花の時でしょうか」

「そうでしたね。いましたね」

笑顔で答えたのは、帰米の川北さんだ。すると突然、「たぶん、双葉山じゃないでしょうか」という声が発された。今井さんだ。場内にどよめきが起こった。

そして、「なに言ってんのよ。双葉山は戦前の話だわよ。私がまだ十三・四の頃の話だよ」と、辻元さんが双葉山を一蹴した。今井さんは照れ隠しに大わらわだ。今井さんは四十五歳で米国への留学を決意された方である。

「ですけど双葉山だったらまだましですよ。これが雷電だったりしたら、ちょっとばかり困りますが」

今井さんは照れ隠しを通り越し、腰を屈めて体を震わせた。

「六四年というと、私が十二の時です。すると、大鵬・柏戸の時代だったかも知れませんね」

柏鵬時代のこともみなさんは良くご存知である。村岡さんが「私の知り合いで、大鵬の身体に触ったという人がいました。真っ白ですごくきれいだったと言ってました」と続いた。そして川北さんが引き継いだ。

「大鵬はロシアとの混血だったから肌が白かったですね」

帰米の方々は相撲のことに大そうお詳しい。アメリカの地に生まれても、心の拠り所は日本文化にあるのだろう。

◎六月の天気

日本にいて「西海岸、南カリフォルニア、ロサンゼルス」から連想するのは、陽光まぶしい常春の青い空であるにちがいない。これは、ある六月の話である。中学高校と一緒だった同期が日本から訪ねて来てくれたのだ。

「同期の女の子なのですけど、中学高校と六年を共にしましたが一度も話したことがない子なんです」

と始めると、河村さんが突拍子もないことを口にした。

「あら、先生らしくないですね」

これにはみなさんもこらえきれず、一斉に吹き出した。

「いえ。当時は私もシャイでおとなしかったですよ。ところが、この年になるとシャイも何もありません。アメリカ式にちゃんとハグして、休む間もなく話しました」

みなさんは、息子を初めてのデートへ送り出す母親のように顔をほころばせた。

「息子さんがニューヨークで大学を卒業したついでに寄ったのです」

とその成り行きを話したところ、みなさんの顔が、はてなという表情に変わった。それはそうだ。ニューヨークとロスは、ついでに寄るには遠すぎる。

サンタバーバラの大学に入学した息子さんは、時が過ぎ、ニューヨークの大学へと編入したという。以前お世話になった方々へのお礼を兼ねた訪問だったのだ。サンタバーバラはロスから二時間ほどの所にある海岸沿いの街である。同級生と息子さん、そのガールフレンドという一行だった。

ここで天気の話である。一行の滞在中、どんより曇った寒い日が続いた。ガールフレンドという子はニューヨーク在住だが、来る前にはカンカン照りのロスを予想したという。日焼け止めを大量に仕入れてきたのだが、それを使うどころか、寒さに震えることとなったのだ。当地の六月は、カリフォルニアの青い空など想像もできない曇り空が続くのである。

天気の話が一段落したところで、同期が届けてくれた塩と出汁の素を取り出した。まずは塩である。

海人の藻塩

「これを〝あまびとのもしお〟と読みます」

この塩にはちょっとしたこぼれ話がある。この塩のことを知ったのは愛読書『サライ』からだった。この雑誌には、最後のページに次回の予告が載る。以前、その次回予告に〝来週は広島県呉市に今も続く、伝統の藻塩を紹介する〟とあったのだ。小生のふるさとは呉市である。

ところが、伝統の藻塩などという物を見たことも聞いたこともないのだ。謎は次の号を見て解けた。これは、瀬戸内海に浮かぶ蒲刈という島に古くから伝わる名産品だという。だが、二〇〇五年に呉市へと吸収合併されたため、呉市の名産品となったそうである。

そのことを伝えると、河村さんがすぐに割って入った。

「じゃ、先生の町はもっけもんですね」

「はい。そうなんですけど、何か横取りしたようで」

同期の思いやりにより手に入った新名産品である。みなさんにも味わっていただきたくお持ちしたのだった。〝海人の藻塩〟の試食タイムである。みなさんの手の平に一舐めほどの塩を分けてまわったところ、口々に「味がありますね」「まろやかですね」という声が起こった。

塩の後は出汁の素である、創業明治二十六年という福岡県にある老舗のものだった。原材料の紹介を見ると、鹿児島県産のかつお節、長崎県産の焼き飛び魚、九州産のウルメイワシ、北海道産の真昆布、熊本県産の塩が含まれるとあった。これらの出汁素材を細かく砕いてティーバックに詰めたのがこの商品である。

出汁パックは試食というわけにはいかない。その潤いのある匂いを体験していただいた。

「これはいい匂いだね」

「日本の香りですね」

という声が途切れることをしなかった。このような製品が開発される日本に敬意を表したい。創業以来百年以上も親しまれてきた玄人の味を、簡便に味わえるように知恵を集めたのである。味わってみると、さすがは素材を厳選しただけのことはある。大自然を感じさせる味だった。辻元さんが続いた。

「便利になったものだね。私はここに入居するまでは、かつお節を削るかんなを持ってましたよ」

海外には古い日本が生き続けるのだろう。

◎蚊取り線香

この日は蚊取り線香の話をお持ちした。

「私は蚊に好かれる人間なんです」

と始めると、みなさんはしょっぱなから笑いこけた。

「日本にいる時は苦労しました」

と続けると、杉井さんがすぐに反応した。鎌倉生まれの杉井さんは、物事を整然と言い表す方である。

「じゃ、先生の血は酸性で甘いんですよ。きっと」

「大学時代の話です。夏休みになると広島に戻って家の手伝いです。食べ物商売ですから、店を閉めるのは深夜を過ぎます。それから友達と二人で海へ行ったんです」

と続けると、みなさんは浮いた話と思ったのか、頬をゆるめて聞き入った。ところが「浜辺に二人で座ったところ、私ばかり食われるんです。何ケ所も。それが女の子だったら〝心配しないでいいよ。君のために犠牲になってんだ〟とでも言えますが、それが男なんです」と告げたものだから、場内はアッケラカンに盛り上がった。

日本と比べると、アメリカは蚊が多くない。とはいえ、アメリカ全国と言う自信はない。ロス近辺、あるいは南カリフォルニアと訂正しょう。

ところがこの年は、例年に比べ大量の蚊が発生したという。史上稀な大干ばつのため貯水池や池の水が減り、蚊が発生しやすい環境になったのだろう。蚊に好かれる小生は、その被害を大いにこうむったのだ。

「夕方になると横庭に出て水をやります。半ズボンとTシャツ姿です。すると足と言わず、首と言わず、手の甲と言わず、ひどい時には十ヶ所以上も刺されるんです」

と告げると、間髪を入れずに加地さんの声が上った。

「先生の、やっぱりおいしいんですね」

「それにしても頭に来ます。たらふく血を吸っといて、あのえげつない痒《かゆ》みを存分に残して行くんですからね」

みなさんは息子の無念を聞く母親の様相だ。

「そこで対策を講じました。この暑い真夏に長ズボンを履き、フード付きの長袖トレーナー姿で水をやりました。ホースを持たない左手はもちろんポケットの中です」

みなさんは固唾を飲んで聞き入った。

「ですが、ホースの口を持つ無防備の右手は刺されました」

ここまでくると、みなさんも口惜しさを滲ませた。

「困ったことに、庭への出入りのためにドアを開けた際、何匹かの蚊が家の中へ忍び込んできました。蚊というのは手加減ということを知りません。一回刺して味を占めると容赦しません。掃射攻撃のように、その一帯を思う存分食い荒らすのです」

と伝えたところで、吉田さんがつぶやいた。

「先生、ごめんなさいね。身代わりになれなくて」

吉田さんは広島のご出身だ。同郷のよしみである。

もう我慢ができない。頼るは蚊取り線香しかない。ところが、アメリカには蚊取り線香なる代物がないのだ。普通のマーケットでは売っていない。

「先日、日本町へ行ったついでに買いました」

「金鳥ですね」

と、すぐに応答したのは杉井さんだった。

「いえ。金鳥がないんです。聞いたこともないやつでした。一つは二ドル九九セント、もう一つが三ドル九九セントです」

場内はシーンとなった。

「一ドル高いからといって煙が出れば同じことだろうと思い安いほうにしました。それが間違いでした。家に戻ってすぐに火をつけたのですが、続けざまに三つ食われました」

と言ったものだから、場内は苦虫を噛みつぶしたような表情が満ち溢れた。そして、社会に出て間もない未熟な息子がたったの一ドルをけちるのを見て、その不甲斐なさにあきれ返ったという笑顔が蔓延した。

「日をあらためてまた出向き、今度は三ドル九九セントのを買いました。すると良いんです」

みなさんの顔にやっと安堵の笑みが浮かんだ。

ここからが本題である。サンケイ新聞インターネット版に載った記事を拝借した。神戸市消防局の救急車の出動件数が、過去最高だった去年を上回るペースだという。

〝市消防局によると、救急車の出動件数は、平成二十年から六年連続で増加。高齢化が進み、一人暮らしのお年寄りが増えたことなどが原因とみられるが、近年は緊急性が伴わない不適正な119番が目立つ。(中略)「胸が苦しい」と119番をし、救急隊員が駆けつけると、「夜に一人になって寂しくなった」と話した女性や、「病院に行きたいが、酒を飲んでしまった」と救急車をタクシーのように使おうとする人がいた。〟

「そして、次のような理由で救急車を呼んだケースもあったそうです」

と言って一呼吸置いた。そして声を大にした。

「蚊に刺されたから」

場内は蜂の巣をつついたような大騒ぎとなった。蚊に刺され続けた甲斐があったというものだ。

◎三千年前の美女

まずは「おとといですから、日曜日です」とお伝えし、白板に〝Secrets of Silk Road〟と書いた。

「この特別展示を見てきました」

この特別企画ではシルクロードの遺跡や秘宝が展示された。そして、その目玉がミイラだったのだ。

「ということで、三千年前のミイラと対面してきました。女性でした」

と言うと、西さんが率先した。

「すると、そのおばあさんは当時のままの姿ですか」

「あれっ。おばあさんじゃないですよ」

「あ、そうか。三千年前と言われたから、ついつい」

と、自分の失言に苦笑しきりである。

「二十五歳位だということでした。この女性は三千年前には相当な美人だったと思います。彫りが深いんです」

この美女は明るい色の衣服を纏《まと》い、頭には手編みの毛糸の帽子を着けていた。若くして死んだこの美女は砂漠に埋葬され、三千年という歳月を砂の中に埋もれたままだったという。

ほんの数年前のことである。NHK特集『シルク・ロード』に現れた三千年前の女性の美しさに我を忘れた。その美女が目の前で横たわっているのである。

彫りの深い顔に見えたのは、まつげが長かったせいかもしれない。付けまつげを付けているのではないかと思うほど、黒々とカールされていた。西さんが続いた。

「私もあの時のNHK特集を見ましたが、中央アジアの砂漠で発掘された遺跡でしたね。だから、西洋の血が流れているんでしょう」

「そのようです。髪の毛も三千年前のままです。毛糸の帽子から湧き出るようにして見えるふさふさの髪の毛は、長くてウェーブがかかってます。色はゴールドのかかった茶色。栗毛色というのかも知れません」

そこで西さんが、「いつまでやってるの」と聞いた。

「いつまでかはわかりませんが、ある程度続くでしょう。入場料は確か三八ドルだったはずです。ちょっと割高ですね。それほど貴重な遺産なのでしょう。ここで、もう一つ付け加えることがあります」

と言いながら、白板に書かれてある SECRETS OF SILK ROAD を消し、〝**役得**〟と書いた。するとみなさんは、少なくない驚きの表情を見せた。シルクロードから一気に役得へと方向転換したのだから、それも致し方ない。

「なんと読みますか」

「ヤクトク」

一番乗りは西さんだった。

生まれてこの方、ヤクドクと読むものとばかり思って生きてきた。ところが、数日前に〝yakudoku〟と打ち込んで変換バーを押したが出てこなかった。そんなはずはないと思うわけである。打ち間違いだと思い、もう一度打った。それでも出てこない。そのとき初めて、ヤクドクが間違いであることを知ったのである。

「辞書を調べると、ヤクトクとありました。大げさですけど、生まれて初めて知りました」

「大げさではなく実際そうですね。良くわかりますよ」

助け舟を出してくださったのは西さんだ。この場でパソコンを操るのはこの方だけである。白板に〝**句読点**〟と書いて話を続けた。

「なんと読みますか」

と問いかけたところ、「クトウテン」という声が聞こえた。辻元さんだ。

「正解です。これも、数年前までクドクテンと読むものとばかり思ってきました」

だが、それまでの人生でそのことで問題になることはなかった。読み方が間違っていようが、文章を読む上では問題ない。意味を理解しているからである。文章を書く上でも問題はない。クドクテンと漢字で書けば間違いはない。つまり、間違った読みで理解していようが何ら問題はなかった。会話でしょっちゅう使う言葉でもないからだ。

ところが、パソコンを使って日本語の文章を打つようになった数年前から様子が変ってきた。クドクテンと打っても、自分の思っている漢字が出てこない。

「考えてみれば当たり前です。間違った読みで打ち込んでいたわけですから。その時初めて、クトウテンが正しい読みであることを知ったのです」

と伝えると、なるほどという表情を浮かべた村岡さんが「先生は面白いことに気付かれるんですね、いつも」と続いた。


「前置きが長くなりました。それでは役得の話です」

「本当にお待たせだね。役得のことをすっかり忘れてたわ」

と口ずさんだのは、岡野さんだった。

「シルクロードの特別展示は入場料が三八ドルでした。ところが私は、これを無料《ただ》で見せていただいたんです」

「えーっ」

「ここで役得の登場です。二日前の日曜日は、そのミュージアムでCherry Blossom Festivalが催されました。その余興に私の属する太鼓グループが招かれたのです」

ここで岡野さんの出番だ。

「それでただなんだ。Ｏｈ！　役得」

そして、西さんが続いた。

「それはいいわね。自分の趣味を楽しめて、ただで三千年前の美女との対面もできて」

一同、どっと来た。すると、「先生は、太鼓のプロなんですか」という声が発せられた。辻元さんだ。

「いえいえ。プロではなく趣味の範囲内ですけど、人の前で演奏できるほどには叩きます。私は、体格がこんなですから大太鼓です」

先に書き記したが、二〇〇九年にあったＷＢＣでの「日本 vs 韓国」の決勝戦では、オープニング・セレモニーでの景気づけを仰せつかった。イチロー選手を筆頭に三塁線上を入場行進する選手たちを目の前にして、日本チームのベンチ前で太鼓を叩いたのだ。一生忘れることの出来ない大舞台となった。

◎「閏年の謎」の訂正

この日はお詫びの言葉から始めた。「閏年の謎」に不備が見つかったのだ。閏年は四年に一度の割合で巡ってくる。十二支は「子　丑　寅　卯　辰　巳　午　未　申　酉　戌　亥」の順だ。つまり、決まった干支だけに巡ってくるのだ。子年、辰年、申年がそれである。

このことは何かを参考にしたり何かを引用したものではない。ある日突然気が付いたカラクリだった。そして、オリンピックもアメリカの大統領選挙も四年に一度である。もしやと思い探ってみると、これがなんと、両方とも閏年に重なるのだった。

このことを周りに知らせると、例外なく皆が目を丸くした。ソーシャル・アワーでも同じだった。それに気を良くした小生は、世紀の大発見とばかりに拙著『そうだったのか！ニッポン語ふかぼり読本』でも書き綴ったのだ。

ところがである。先日、抗議の便りが舞い込んできた。〝あなたの説は間違いではないが、一九〇〇年は閏年ではなかった〟と。まずは白板に〝二〇一二年　二〇一六年　二〇二〇年〟と書いて説明した。

「みな四で割り切れます。閏年ですね。二〇一二年はロンドン、二〇一六年はブラジル、そして二〇二〇年が」

「東京」

自信満々の声で答えたのは橋水さんだ。そして「その前は一九六四年でした。その時も閏年だったのですか」と続いた。この問いは西さんが受け持って下さった。

「もちろん。辰年ですもの」

一九四〇年の辰年生まれの西さんは、一九六四年の東京オリンピックではボランティアに励まれたそうだ。

問題の一九〇〇年である。すぐにウィキペディアを開けた。パリで第二回オリンピックが開かれ、大統領選挙は十一月六日とあった。マッキンリーの再選で終ったそうだ。ここまでは問題ない。

ところがである。二月のカレンダーを目にしたときには息が止まりそうになった。一九〇〇年の二月は、確かに二八日で終っていたのだ。大発見と思って疑わなかった「閏年の謎」が水の泡と化する瞬間だった。

「要は、地球が太陽の周りを回る日数の関係のようです。ではみなさん、一周するのに何日かかるでしょう」

まずは西さんだ。

「一年三六五日」

すると加地さんが、「三六六日の年もあるわね」と来た。

「えっ。年ごとに回るスピードを変えるんですか」

と追及すると、「そんなことないわね」と頭をかいた。

「はい。それはありません。一周する日にちは一定です。ですが、きっちり割り切れる数字じゃないのですね」

三六五・二四二一八九五七二日が正確な数字だという。つまりは、四年ごとに閏年を設けたのでは多すぎるということになる。そこで始まったのが、現行のグレゴリオ暦である。四で割り切れる年であっても、四〇〇年に三回は閏年を設けないように操作した。一五八二年から始まったそうだ。

一六〇〇　一七〇〇　一八〇〇　一九〇〇　二〇〇〇

と白板に書いて説明を続けた。

「これらの年は閏年になるはずですが、四〇〇で割り切れない一七〇〇、一八〇〇、一九〇〇年は閏年にしなかったのですね」

と言ってその横に×印を付け、一六〇〇と二〇〇〇の横には○印を付けた。これが現行の太陽暦である。

一九〇〇年を体験していない小生には思いもよらないことだったが、この場のどなたも体験されていないのだ。最高齢の村岡さんでさえ一九一九年生まれである。

「一九〇〇年の次は二一〇〇年です。この年は四で割り切れますが、閏年にはなりません。お分かりですね」

と告げると、みなさんは一様に首を上下させた。そして、にこっと笑顔を浮かべた加地さんが先導した。

「ですけどね、先生。生きちゃいないから心配いりませんよ」

「そうですね。私も同じです。八十五年後にはもう」

と応じると、西さんが続いた。

「先生のお孫さんが八十五歳になった頃ですね」

「はい。去年生まれたので八十六でしょうか」

とお伝えしたところで、村岡さんの登場だ。

「じゃ、お孫さんへの遺言にすれば良いですね」

〝孫よ憶えておけ。二一〇〇年は閏年にならない。〟

遺言状に記す項目が一つ解決した。

◎月から太陽への改暦

読者のみなさんからお便りをいただくことほど嬉しいことはない。「〝閏年の怪〟の訂正」と題した小文を書き綴った時も、多くのお便りを頂戴した。その中に「大隈重信が太陽歴に飛びついた」話があり、目から鱗が落ちるほどに納得させられた。

これは、この場に幾度かご登場いただいたEさんからだった。以前にも「明治の外国語表記」「Equal＝平等」として、この方からの興味深い話を拙著『そうだったのか！ニッポン語ふかぼり読本』で紹介した。今回の話も、目の覚めるような逸話だった。太陽暦と太陰暦の違いを盛り込んだ薀蓄も冴えていた。

西洋文明が押し寄せる前の日本は、中国の暦を生きて来た。月の暦である。まずは月の暦のことから始めた。これは『そうだったのか！ニッポン語ふかぼり読本』の中で「一年が三八三日だった年」として書いたように、ソーシャル・アワーでも以前お知らせした話である。だが、すでに数年が過ぎた。当時から残っておられる方というと、村岡さん、加地さん、西さんだけとなった。

二九・五日

「これが月の暦のひと月です。新月から三日月、上弦の月、十五夜と膨らんで行き、また新月へと戻ってくるのに要する日にちが二九と半日なのです」

みなさんの目は、白板の〝二九・五日〟に釘付けである。

「すると困ります。一年は何日ですか」

「三六五日」

「ですが、二九・五日を十二でかけると三五四です」

と告げると、加地さんが一番乗りだ。

「それじゃ足りません」

地球は、太陽の周りを約三六五日で一周する。ここでは小数点を省いておこう。その一方で月は、三五四日をかけて地球の周りを十二回転する。ということで、月の暦の一年は太陽暦に比べ毎年十一日が足りない勘定になる。

三年もすると三三日、つまりひと月以上が足りなくなるのだ。そこで月の暦では、三年弱に一回ずつ閏月を設けてやるという操作が施されるのである。厳密に言うと、十九年に七回は一年が十三か月となるのだ。

ちなみに「一年が三八三日だった年」というのは慶応四年、つまりは一八六八年である。明治元年の日本人は十三か月を生きたのである。

では、本題に入ろう。大隈重信が太陽歴に飛びついた理由である。明治政府は、太陽暦の明治六年一月一日を以て改暦に踏み切った。

文明開化を旗印に始まった明治政府だったが、これといった産業もない当時の日本国である。深刻な財政難に瀕していた。そして当時の日本は、すでに役人の給与を年棒制から月給制へと移行した後だった。旧暦の明治六年は閏月の年なのだ。大隈大蔵卿は背筋が凍る思いで明治六年を迎えようとしていたであろう。十三か月分の月給を支払わねばならないからだ。Eさんの言葉を拝借すると、〝日本の官吏に対する給料は不払いで知らん顔を極め込めばそれですみますが、御雇い外人に対する給料に未払いでもあったら、それこそどんな目に遭わされるか分らない〟ということなのだ。そこで急遽、一年十二か月の太陽暦に乗り換えたのである。当時の文部省予算の三分の一は、お雇い外人向けの給料だった。

これを伝えると、「大隈さん、スマートですね」という声が上がった。口笛でも吹きそうな調子の加地さんだ。

太陽暦への改暦にはもう一つのカラクリがある。改暦が正式に決定されたのは、旧暦の明治五年十一月九日だった。白板に書いて説明した。

決定　明治五年十一月九日（旧暦）

実施　明治六年一月一日（太陽暦）＝明治五年十二月三日（旧暦）

「改暦を実施したのは明治六年一月一日ですが、その日は旧暦で言うと明治五年十二月三日です。つまり、明治五年の十二月は実質上なくなったのです」

「じゃ、月給も払わなくていい。ますますスマート」

言うまでもなく加地さんだ。西さんが続いた。

「先生。一石二鳥とは、まさにこのことですね」

一石二鳥とは〝kill two birds with one stone〟というイギリスのことわざの訳だという。暦を月から太陽へと変えただけで二回分の給料の支払いを免れたのだから、これほどの一石二鳥はない。

◎大晦日のブルームーン

その日は二〇〇九年十二月二十九日、その年最後の火曜だった。当時は現在の第一・第二・第三週目とは異なり、一週目と三週目の火曜がソーシャル・アワーの時間だった。そして五週目の火曜がある月には、その日も受け持つようになっていた。

「きょうはおまけのようなものです。いつもの月よりも一回多いですね。これと似た現象がブルームーンです」

と伝えると、辻元さんが即座に反応した。

「昔あったわね。『ブルームーン』という歌がね。誰だったかしら。フランク・シナトラだったかしらね」

「おっ。辻元さんは昔、アメリカの歌に夢中になっていたご様子ですね」

「それはそうよ。カッコ良かったからね」

「きょうお話するブルームーンは歌ではなく、自然現象のブルームーンです。みなさんご存知ですか」

「・・・・」

英語にはブルームーンという月の呼び名がある。

月の満ち欠けというのは、約二九・五日を周期として繰り返される。太陽暦では、二月を除けばひと月は三〇日か三一日である。すると二月以外の月には、特に三一日の月には、月初めが満月だと、その二九・五日後の月末に満月になることが可能なのだ。このようなひと月に二度満月が生じた場合の二度目の満月を、英語ではブルームーンと呼ぶ。

この現象はめったに起こるものではない。インターネット百科事典「ウィキペディア」を参考にすると、三年ないし五年に一度の周期で起こるということだ。

参考までに書くと、太陽暦を受け入れた明治六年以前の日本には、ブルームーンという現象は存在しなかった。中国式の暦を使っていたからに他ならない。地球が太陽を一周する時間を元にして作られた西洋の太陽暦に対し、月の満ち欠けを基準にして作った暦が太陰暦である。

当たり前のことだが、太陰暦とは月の満ち欠けの周期を一ヶ月とする暦のことである。満月はひと月に一回きりである。中国式の暦を使用した東アジア諸国では、ブルームーンという現象も呼び名も存在しなかった。

先に書き記したように、ブルームーンとは三年ないし五年に一度起こるきわめて珍しい現象である。そこでアメリカには、「Once in a blue moon」という慣用句がある。ブルームーンが数年に一度訪れる珍しい現象であることから、「きわめて稀なこと」を表すときに使われるのである。

この年最後のソーシャル・アワーの数日前、今年の大晦日の夜にはブルームーンを拝むことができるのを知った。大晦日に現れるブルームーンは一九九〇年以来十九年ぶりだということだった。次は、二〇二八年まで待たねばならないという。そのことをみなさんにお伝えしたのだ。

「十九年ぶりらしいです。大晦日のブルームーンというのは。紅白歌合戦をご覧になるためお忙しいでしょうが、宣伝の合い間にでも夜空を見上げてください」

するとと村岡さんが、乾いた表情で続いた。

「ありがとうございます。ぜひ見たいと思います。次のはちょっと自信がありませんから」


年の瀬も迫ったこの時期になると、やはり過ぎた一年を振り返るようになる。過ぎた一年を思い返してみると、規則正しい生活の積み重ねがあり、静かに、また穏やかに過ぎていった一年だったように思えてくる。


ソーシャル・アワーとの出会いは、このようにして過ぎていった一年に大きな変化をもたらせてくれた。ややもするとマンネリになりがちな日々の生活に、緊張感とときめきを与えてくれたのである。

人前でレクチャーを施すというのは、生まれて初めての経験である。案の定、初めの内は気張りすぎて、次に続く言葉を忘れ宙を仰ぐことがしばしばだった。所定の一時間が長く思えてならなかった。

ところがここに集まってこられる方々は、講師がいくらヘマをしても大目に見てくださるのだ。笑顔で受け入れてくださるのだ。みなさんが両腕を大きく広げて「Welcome」と叫んでいるように思えるのだ。これが、人間の究極の姿ではないかとも思えてくる。

このような場に加わることができた幸運に感謝したい。過ぎた一年が実り多きものになったことを、みなさんに感謝したい。みなさんに与えていただいた幸福を思いながら、新しい一年を迎えられることに感謝した。

番外編　こぼれ話

「ここに一冊の本があります。『日系アメリカ女性』という題名の、日系二世の方が書かれた本です。ひと月ほど前に、中庭の一角に古本が積まれてありました」

その中から面白いと思う本を十冊ほど頂戴した。後で知ったことだが、その古本の山は引退者ホームの図書館に居場所を失ったものだったのだ。古くなりすぎたもの、あるいは借り手の極端に少なくなったものであろう。日系人引退者ホームという場所柄、日系人の歴史を記録した書物が多かった。

当地に住みついてから三十五年が過ぎようとした頃だった。やっと日系人社会の歴史に興味を持つようになった私のような人間にとっては、願ってもないことだ。『日系アメリカ女性』は、日系二世の女性が書いた英語の本を日本語に訳して出版されたものだった。副題は「三世代の１００年」とある。なお、英語の原題は『Japanese American Women』で、副題が「Three generations 1890-1990」だった。

「ここに登場する人物は一九四二年の初めに通っていた大学を止め、ユタ州のソールトレークシティーへ向ったそうです。強制収容所へと送られることを拒否したのですね」

一九四二年の初めというと太平洋戦争の開戦から二・三カ月後ということである。まずは川北さんが率先した。川北さんはきょうも風邪気味のようで、オーバーコートを着て首巻をぐるぐる巻かれている。

「ここの創設者のお一人もユタへ行かれたようですよ」

ここのというのは、この引退者ホームという意味である。

「そうらしいですね。私も初めてここを訪れたとき、創設者の一人は、強制収容所へ行くことを拒否しユタ州へ向ったと聞きました」

そのようなことを聞くのは初めてだった。アメリカに住んでいた日系人のすべてが、強制的に収容所へ送られたものとばかり思っていたからである。ワシントン州、オレゴン州、カリフォルニア州に住む日系人を収容所へと閉じ込めたのは、建前としては強制ではなかったということのようだ。

「ですけど、収容所へ入るのを拒否して自力を選んだ人たちは並々ならぬ苦労をされたと思います」

と意見を述べると、川北さんが続いた。

「ユタは土地が良くなくて作物ができないらしいです。そして、冬は寒すぎて食べ物が凍ってしまうらしいんです」

とまで言われたところで、今度は加地さんの番だ。

「じゃ、どうやって寝るんですか」

ところが川北さんの答えは、「一メートルほど掘って凍らないようにしたと聞きました」だった。川北さんは、作物の説明を続けたのだ。加地さんの「寝るんですか」のところがうまく聞こえなかったのだろう。そのようなことは時々起こるのだ。川北さんは何といっても大正七年生まれでいらっしゃる。耳が少々遠くなっているのだ。

「加地さん、『99年の愛』ご覧なりましたね」

「はい」

「あのドラマに出てくる農場には、馬小屋のようなものがありました。私の知っているかぎりでは、家畜の餌として積んである枯れ草の中にもぐりこんで寝たはずです。あるいは、外に積まれた枯れ草にもぐりこんで寝たようです。野宿ですよ。ユタ州の寒さというと半端じゃないでしょう。冬のオリンピックを開催したほどですからね」

「それじゃ、家畜よりもひどいじゃないですか」

加地さんは、そんな馬鹿なという表情だ。今度は村岡さんの登場だ。

「そういう人は、かなりいましたね」

「収容所ではないですから自由はあります。ですけど、いくら自由といっても、着るもの、食べるもの、住む場所がないところでは自由もへったくれもないかも知れません。ユタ州は寒すぎます。だからと言って、南に下りるのも話になりません。ネバダやアリゾナは見渡すかぎりの砂漠ですからね」

ここで、話を『日系アメリカ女性』へと戻した。

「ではまず、歴史という言葉に関して話しましょう」

と言って〝HISTORY〟と書いたところ、みなさんの目が白板に集中した。何人かの方は、〝さあ、何が出てくるんだ〟とばかりに前のめりでいらっしゃる。

「人類の歴史というのは、常に男の目で見たことが書かれてあるんですね。History とはつまり、his story ということらしんです」

と言って、白板に〝His Story〟を足した。するとみなさんは、一様に驚きの表情だ。そして、「あら、本当だわ。面白いわね」という声が上がった。目をまん丸にした岡野さんだ。

「ですから、この方の本はhistoryではなく」

と言って、白板に〝HERSTORY〟と大書した。みなさんはご満悦だ。

「みなさん、『99年の愛』というドラマは写真花嫁がシアトル港に着くところから始まりました。この本には、〝一世と呼ばれる日本女性がアメリカに上陸してから、百年の月日が流れた。その大多数は写真花嫁として、一九一〇年から二十一年の間に渡米している〟とあります。私の記憶では、あのドラマの主人公のお父さんは一九一二年だったかにアメリカに着きます。そして写真花嫁でシアトルに着いた女性と結婚し、一九二〇年だったかに主人公は生まれたはずです」

と説明を続けたところ、岡野さんが「そんなことまで覚えてるんですか」と驚きの表情を浮かべた。

「いえ。はっきりした年ではないと思いますが、真珠湾攻撃の日に、主人公の一郎君は大学生でした。すると、生まれは一九二〇年頃だろうと」

「それにしても、記憶力のすばらしいこと。やはりお若いから」

「いえ、岡野さん。けっして若くはありません。還暦がすぐ目の前ですから」

「だったら、若いじゃないの」

年齢の話になると、みなさんには太刀打ちできない。

「ここに面白い統計が出ています。一九〇〇年の人口調査によると、日系人の総数は二万七千四百四十人でした。そして女性の数は、未成年者を入れてもわずか千人ほどだったようです。成人女性は、ざっとその半分でした」

と伝えると、みなさんは「ヘエー」と声を出したまま、口を閉じることをお忘れの様子だ。帰米の方々も、その驚きようは同じだった。続けた。

「二十年後の一九二〇年です。日系移民の女性の総数二万四千百二十五人」

すると今度は、今までに聞いたことのないほどのどよめきが起こった。

「ウォー」

二十年間に、千人から二万四千人へと急増したのだった。いわゆる写真花嫁の登場である。

「ものすごいですね。これでやっと男と女の比率がとんとんになったのです」

しかし、一九二〇年には日本政府が写真花嫁に対する旅券の発行を全面的に打ち切り、一九二四年にはアメリカ政府が日本からの移民を止めさせた。

「すると、どうなりますか。一世の人口増加はぴたりと止まります。人口の増加のすべては二世ということになります。ここでまた、面白い統計があるのです。誕生した二世の数です。一九〇〇年に二百六十九人だったのが」

と告げた後で、白板に大書した。

一九一〇年　四千五百人
一九二〇年　三万人

すると、またまた「ウォー」の大合唱だ。度肝を抜かれたというどよめきだ。

「ということで、二世の誕生は写真花嫁の増加と比例します。そして、二世の誕生は何年頃から何年頃までという区切りがはっきりしているらしいです」

そうしたところ、村岡さんがときめきとも取れる表情を浮かべて口を開いた。

「先生のおっしゃるとおりです。私はその内の一人です」

川北さん、渡部さん、篠山さんと順々に目を向けたところ、みなさんは〝私もまったくそうです〟という笑顔である。

「するとみなさんは、典型的日系二世ということになりますね。真っ只中というか」

と言うと、加地さんがすぐに「本当ですね。まさに生きた証人ですね」と後押ししてくださった。とその時である。篠山さんが意を決したという表情で話し始めたのだった。

「私の父は一八〇〇年代の後半にアメリカに来たと言っていました。アラスカだったようです」

「ヘエー。確か、篠山さんのご両親は鹿児島でした。暖かい鹿児島からアラスカですか。ということは、その当時から人間が住んでいたということですか」

「私も良く知りません。父はあまり昔のことを話してくれなかったですから」

そうしたところ、村岡さん、川北さん、渡部さんが三者三様にうなずかれた。みなさんも同じ経験をお持ちなのだろう。概して日系人社会では、過去のことを話したがらない傾向があるようだ。

「それからカナダを通って、シアトルに着いたようです」

「そういえば篠山さんはシアトル生まれでした」

「はい」

それにしても物すごい。一九〇〇年以前というと明治の中頃である。

「鹿児島からアラスカへ、そこからカナダを通ってアメリカへ。そこでお生まれになった篠山さんは、子供のころ、ご両親のふるさと鹿児島へ。戦争勃発前の最終便でやっとのことで日本を脱出してアメリカに着いてみると、今度は収容所が待っていました。篠山さんの場合は、これがまたワイオミングという人間文明から隔離された山奥へと送られた。そこからワシントンD.C.へ行かれたのでしたね」

篠山さんは、太平洋航路が中断される直前の最終便でかろうじてアメリカに戻ってこられた方である。その日にちまではっきりと覚えていらっしゃるのだ。一九四一年五月三十一日である。

「そうですか。みなさんの体験談を聞かせていただきありがとうございます。ソーシャル・アワーのhistoryの時間はすごいですね」

と伝えると、加地さんが黙っちゃいない。

「あら、先生。herstoryの間違いじゃないですか」

なんともタイミングの良いコメントである。きょうも出席者は全員女性だ。ソーシャル・アワーにはhistoryの時間は有り得ない。

そろそろ時間である。『日系アメリカ女性』を手にして、帰米のみなさんへと話しかけた。

「それにしても村岡さん、川北さん、渡部さん、篠山さん、帰米二世という立場に置かれたために、たいへんな苦労があったのだと思います。日本ではアメリカ人だといって差別され、アメリカに戻ってくると帰米ということで差別されたはずです」

ところが、みなさんは黙して語らずである。そのようなこともありましたねと、遠い昔の思い出をなつかしむような笑みを浮かべただけだった。

おわりに

二〇〇九年六月から始まったソーシャル・アワーは、事情があり二〇一六年二月を持って幕を閉じた。一九六一年に非営利団体として創設されたこの引退者ホーム並びに看護・介護施設が、営利を目的とする会社へと売却されたからである。ボランティアは非営利組織のためにあるのであって、営利を目的とする組織において無償の仕事は成り立たないと考える小生である。

六年半の間、ソーシャル・アワーには色んな方がお見えになった。アメリカに生を受け、日本で女学校時代を過ごし、開戦前にアメリカへ戻って来られた帰米二世の村岡さん、川北さん、渡部さん、篠山さん、永田さん、高橋さん。この方たちには、日系人強制収容所という共通項もある。

東京大震災の年に生まれ、その当日、二階で昼寝をしていたというのが自慢の河村さん。戦時中、靖国神社の箒がけにかり出された本郷生まれの辻元さん。東京湾で泳いでいる最中に空襲に会い、急いで水中に潜ったことを誇らしく語った横浜生まれの三上さん。大連に生まれ育ち、戦後横浜へ引き上げてから栄養失調になったという加地さん。六十九歳の最年少としてソーシャル・アワーの開始から参加された高円寺生まれの西さん。一九五五年に日本を発ち、一九五九年にアメリカに着いた岡野さんは、丹波は篠山のお生まれだった。大正七年生まれを筆頭に昭和十五年生まれの方々である。

他にも、時々紫色のカツラをかぶって登場した大分生まれの橋水さん、札幌生まれでムード派の緑川さん、いつも笑顔を絶やさなかったドスの利いた声の八田さん、机の設定から後片付けまで常に気を使ってくださった岡山出身の香川さん、浅草に生まれ水戸で育ち、男子高校の女教師を長年務められた知性派の森岡さん。数え上げれば切りがない。

東京は世田谷で生まれ育った大柄の李さんを忘れることはできない。体つきに似合わず、声をひそめて少女のように微笑みを振りまかれたのが懐かしく思い出される。空襲もなく疎開もなかったという鎌倉出身の杉井さんは、場所柄か、おおらかと落ち着きが満ちていた。ソーシャル・アワーきっての食通松島さんは横浜の出身だった。

山口県は周防大島の産である佐藤さんは、女子高校生のまま年を重ねたような方だった。広島出身の吉田さんは小さい頃から勉強の虫だったのだろう。決まって私のすぐ右隣りに席を取り、持参したノートに懸命に書き込まれていた。

そうそう、忘れてはいけないのが高野さんご夫婦である。夫婦揃って出席されたのは高野さんご夫婦だけだった。ご主人は高田の馬場生まれで、奥さんが麻布だった。相撲好きのご主人は、場所中のソーシャル・アワーは欠席された。大相撲ダイジェストと重なったからである。ところが時が経つにつれ欠席もなくなり、その後は皆勤賞を続けられた。

おっと、途中で他へ引っ越された朝川さんを忘れるところだった。朝川さんは、パンナムで来たというのが自慢の種だった。みなさんは底抜けに明るかった。みなさんは知的欲求が豊富だった。みなさんは、その日その日を有意義に生きておられた。今になって振り返えると、ソーシャル・アワーを続けた六年半は、私の人生の絶頂だったかも知れない。みなさんとの出会いに感謝するばかりである。

現在、次の企画のために高島俊男著『お言葉ですが・・・』（文春文庫）シリーズを懸命に読み返している。そして、その第三巻を読み終えたところで、清水義範氏の「解説」と巡り会った。そこに〝知らないことを教えてもらって、ああそうかと手を打つ心境になるのは快感である。だから、ものを教えてくれる人がいることは幸せである〟と評してあったのだ。

私の場合は、司馬遼太郎の『街道をゆく』シリーズだった。日本という国の歴史上の立場を教わった。そして、高島俊男の『漢字と日本語』と『お言葉ですが・・・』シリーズだった。漢字圏の国々における日本語の立場を教わった。

ソーシャル・アワーのみなさんには、人間のあるべき姿を身をもって教わった。ものを教えてくれる人がいることは幸せである。

二〇一七年一月

ジョン　金井

◎著者プロフィール
ジョン 金井
　1952年 広島県呉市に生まれる。
　1975年 明治大学経営学部卒業。同年渡米。
　1979年 Woodbury University　国際経営学部卒業。
　1981年 ＬＡにて不動産ローンのコンサルタント業に従事。
　2008年『アメリカからの八通の手紙―中国、韓国、日本の言語事情』（東洋出版社）上梓。
　2014年10月『そうだったのか！ ニッポン語ふかぼり読本』を電子書籍で、2015年7月、同名書を書店本（知玄舎）として上梓。

ニッポン語《ご》 うんちく読本《どくほん》
――ロス発、日系老人日本語パワー全開

2017年3月7日　初版第1刷発行

著　者　ジョン 金井

発行者　小堀 英一
発行所　知 玄 舎
さいたま市北区奈良町98-7（〒331-0822）
TEL 048-662-5469　FAX 048-662-5459
http://chigensya.jp/

発売所　星 雲 社
東京都文京区水道1-3-30（〒112-0005）
TEL 03-3868-3275　FAX 03-3868-6588

印刷・製本所　中央精版印刷

ISBN978-4-434-23087-5